Peter Kirschey

Wandlitz/Waldsiedlung – die geschlossene Gesellschaft

Versuch einer Reportage · Gespräche · Dokumente

Peter Kirschey

Versuch einer Reportage

Gespräche

Dokumente

Dietz Verlag Berlin

WANDLITZ
Waldsiedlung-

die geschlossene Gesellschaft

Kirschey, Peter: Wandlitz/Waldsiedlung –
die geschlossene Gesellschaft : Versuch e. Reportage.
Gespräche. Dokumente / Peter Kirschey. –
Berlin : Dietz Verl., 1990. – 175 S.

ISBN 3-320-01592-3

Lizenznummer 1 · LSV 9109
Typographie: Horst Kinkel
Umschlag: Michaela Barthel
Umschlagfoto: ND/Rother
Printed in the German Democratic Republic
Gesamtherstellung: DRUCKZENTRUM BERLIN · Grafischer Großbetrieb
Best.-Nr. 738 860 4
DDR 12,80 M

Inhalt

Für Ingrid

Wandlitz und Wandlitz – zwei Welten

»Wandlitz, die Perle der Naherholungsgebiete im Kreis Bernau«, so hieß es am 15. Juli 1976 in einer Zeitung des Bezirkes Frankfurt (Oder). Wissenswertes über eine Gemeinde nahe der Hauptstadt war da zu lesen: 1242 erstmals urkundlich registriert, eine Bahnlinie führt seit 1901 von Berlin-Karow dorthin, Museum, Restaurants, gelegen an Seen, Wäldern und Feldern – idyllisch, zauberhaft, erholsam.

Doch schon damals, 1976, existierte jenes andere Wandlitz, über das keiner in unserem Lande publizierte, das auf keiner offiziellen Landkarte verzeichnet war, sondern nur in den Plänen des Ministeriums für Staatssicherheit – militärisches Sperrgebiet.

Nur wenige Kilometer vom eigentlichen Ort Wandlitz entfernt, trägt es einen ganz anderen Namen, schlicht und einfach Waldsiedlung. Wer mag hinter diesem unscheinbaren Begriff schon etwas vermuten? Nur das: Da haben sich Menschen angesiedelt.

Für die Wandlitzer Einwohner – die richtigen Wandlitzer – war die Waldsiedlung von geringem Interesse. Hin und wieder verschlug es einen Handwerker dorthin. Von einigen Leuten wußte man, sie arbeiteten dort. Aber mehr nicht.

Auch wenn die Volvo-Karawanen über die Dorfstraßen fegten, gab es nur flüchtige Blicke. Niemals in all den Jahren machte eine der dunkelfarbigen Limousinen bei ihrer rasenden Fahrt in die ausgedehnten Jagdgebiete hier halt. Und auch im »Dicken Kurt«, dem berühmten Krämerladen der Wandlitzer, ward nie ein Kunde aus der Waldsiedlung gesehen. Die Welt hinter dem bestbewachten Zaun blieb der Gemeinde und dem ganzen Land verschlossen.

Doch schon immer kursierten Geschichten über die Wandlitz-Waldsiedlung. Von märchenhaften Reichtümern war da die Rede und von den zahlreichen Extravaganzen der Bewohner. Doch nichts Genaues wußte man. Niemand konnte sich so recht ein Bild machen von dem, was hinter der Wand verborgen blieb.

Was liegt also näher für einen Journalisten vom »Neuen Deutschland« (ND), sich – nach dem 18. Oktober 1989 – dieser Sache einmal ernsthaft anzunehmen, das Bündel von Lügen und Verleumdungen über unsere Parteiführung mit einer soliden Reportage zu zerschlagen. Mit Takt versteht sich, mit Anstand und Fingerspitzengefühl mußte man sich der Angelegenheit widmen, denn zu diesem Zeitpunkt herrscht bei mir noch die Überzeugung vor, daß jetzt die Erneuerung des Sozialismus begonnen habe und nicht dessen Ende. Auch war das ganze Ausmaß dessen, was dann Monate lang Zeitungsspalten füllt, nicht zu erahnen.

Mit den ersten Novembertagen 1989 nehmen die Überlegungen für eine Wandlitzreportage Konturen an. Aber wie vorgehen? Wie eindringen in die bisher unbezwingbare Festung? Unzählige Telefonate, Gespräche, doch alle bringen kein Ergebnis.

Im neuen Politbüro des ZK der SED sind Günter Schabowski als zuständiger Sekretär für die Medien und Werner Eberlein als Vorsitzender der Zentralen Parteikontrollkommission die Anlaufpartner. Werner Eberlein läßt nach mehreren Rückfragen am 20. November mitteilen, er werde in der Sache nichts unternehmen. Dafür sei allein Günter Schabowski zuständig. Doch die Zeit verrinnt. Noch am 21. November schreibe ich einen Brief an das Büro des Generalsekretärs Egon Krenz. Ich bitte um eine umgehende Entscheidung über einen Besuch in der Waldsiedlung. Das ND sollte in dieser Sache vorangehen.

»Die Wahrheit über Wandlitz«, heißt es in dem Brief, »so schmerzhaft sie auch sein mag, kann nur in der Presse der Partei ausgesprochen werden. Als öffentliches Bekenntnis, daß wir es ehrlich meinen mit der Erneuerung. Ich glaube, auch die Mehrheit unserer Mitglieder erwartet ein solches Vorgehen. Es ist meine feste Überzeugung: Jedes Zögern, jedes halbherzige Herangehen bringt neuen Schaden für unsere Partei. Es kursieren die wildesten Gerüchte über Wandlitz. Ein paar offene Worte würden sehr nützlich sein ... Deshalb auch meine Eile, unverzüglich mit der Arbeit zu beginnen, bevor wir wieder einmal durch andere gezwungen werden, uns überstürzt einer Sache anzunehmen. Deshalb also meine Bitte: Sprich mit Deinem Chef (angesprochen ist hier der persönliche Mitarbeiter von Egon Krenz) und schaffe uns die Möglichkeit, damit wir an die Arbeit gehen können.«

Solch ein Brief an das Büro des Generalsekretärs wäre Wochen zuvor noch undenkbar gewesen und hätte zu ernsthaften persönlichen Konsequenzen geführt. Insofern gibt es schon gewaltige Veränderungen, daß allein solche Wege möglich sind. Doch auch dieser Brief bringt nicht das gewünschte Resultat. Er bewirkt offensichtlich das Gegenteil.

Am 21. November unser erster Versuch, die Waldsiedlung zu betreten – ohne Genehmigung. Wir kommen bis zum Kommandanten des Objektes. Eine Ehre, so erfahren wir, die nicht allen Journalisten, die hier anklopfen, zuteil wird. Für die meisten bleibt das schmiedeeiserne Tor verschlossen. Der Kommandant begrüßt prinzipiell unser Kommen. Seine Worte: Es wird höchste Zeit, daß endlich über Wandlitz etwas geschrieben wird, damit das Gerede ein Ende hat. Aber reinlassen? Nein! Ohne Genehmigung ist da nichts zu machen.

Am Abend des gleichen Tages zwei Anrufe. Der erste: Das Büro Krenz und Egon selbst können in der Sache nichts unternehmen. Alles liege in der Hand von Günter Schabowski.

Der zweite: Ich erhalte, auf meine Bitte hin, eine Einladung von Horst Sindermann, dem ehemaligen Präsidenten der Volkskammer der DDR, zu einem Gespräch. Nach den Wandlitzer »Spielregeln« kann jeder Bewohner der Waldsiedlung privat Gäste empfangen. Das heißt, keine Besichtigung des Objektes, sondern auf direktem Wege zum Gastgeber und von dort wieder zum Tor zurück.

Am 22. November ein weiterer Anruf aus der Waldsiedlung: Bei der Wache läge eine Liste mit Namen von Leuten vor, die das Gelände nicht betreten dürften. Darunter auch meiner. Aus der Redaktion erfahre ich: Mit der Erarbeitung einer Wandlitzreportage ist ein anderer betraut. Die alten Strukturen funktionieren also noch immer.

Am 23. November gegen 11.30 Uhr läutet das Telefon: »Schabowski am Apparat. Du wirst sicherlich erstaunt sein, daß ich anrufe«, sagt er, »aber ich fürchte, da ist wieder so ein Blödsinn passiert. Ich sage dir ganz deutlich, ich habe niemandem die Anweisung gegeben, dich in Wandlitz nicht reinzulassen. Ich weiß nicht, wie der Offizier dazu kommt, so etwas zu behaupten. Ich habe nur gesagt, am Donnerstag geht eine Journalistengruppe rein. Wir wollen niemanden bevorzugen, sonst gibt es wieder Ärger. Etwas anderes ist, wenn du von einem Bewohner dort eingeladen bist. Es steht jedem frei, Besuche zu empfangen. Es steht jedem frei, sich mit dir zu unterhalten, wenn er es wünscht.«

Als wir dieses Telefonat führen, ahnen wir – auf beiden Seiten sicher – noch nicht, wie schnell der Zerfall der Partei voranschreiten würde, wie schnell auch seine Funktion durch den Gang der Ereignisse hinfällig werden würde. Uns ist zu diesem Zeitpunkt auch noch nicht bewußt, daß mit den Posaunentönen zum kurz zuvor begangenen 40. Jahrestag der DDR auch die Totenglocken für den so schwer in Mißkredit geratenen »Arbeiter-und-Bauern-Staat« eingeläutet worden sind. Eine verkrustete Welt bricht zusammen, und das geschieht in einem Tempo, in dem jede perspektivische Überlegung immer wieder von der Wirklichkeit überholt wird. Es ist jene dramatische Zeit, als sich Hunderttausende Mitglieder der Partei in Selbstzerfleischung üben, Antwort auf die vielen quälenden Fragen suchen. Wir waren doch angetreten, um etwas Gutes zu vollbringen, etwas Besseres zu schaffen, als es der Kapitalismus darstellt. War denn der in der Verfassung festgeschriebene Führungsanspruch der Partei nicht vor allem eine bindende Verpflichtung zur Staatstreue, zum Dienst am Volke? Warum konnte diese Krise nicht verhindert werden? Wo wir doch alle Instrumentarien in der Hand hatten? Ist am Ende das System – so gut und edel im geistigen Ansatz – nur eine Fiktion? Aber zurück zu Wandlitz.

Am 24. November veröffentlichen Medien der DDR ihre Wandlitz-Reportagen. Die Journalisten, das wird deutlich, werden auf dieser Sightseeing-Tour durch die Waldsiedlung zu Wasserhahnschnüfflern und Kühlschrankguckern in einem seit längerem unbewohnten Haus degradiert. Man serviert ihnen kleine Wahrheiten und eine große Lüge. Und: Es gibt keine Gespräche mit Bewohnern, nur eine zufällige Begegnung auf einem Waldweg mit Kurt Hager. Das entfacht den Protest der Öffentlichkeit um so stärker. Dem ND gehen massenweise Leserbriefe über Wandlitz zu: Schreibt ehrlich über die Waldsiedlung, recherchiert gründlich, laßt euch nicht abspeisen!

Allerdings, so scheint es mir nach den ersten Veröffentlichungen, führen uns die Darstellungen über die Waldsiedlung auf ein Nebengleis. Besondere Bedingungen für ranghohe Politiker eines Staates, wo gibt es das nicht. Sicherheitszonen, Bannmeilen,

Staatskarossen, Personenschutz und vieles andere mehr sind keine Erfindungen der DDR.

Wichtiger erscheint es mir, der Frage nachzugehen, wie es möglich war, solche Machtfülle in wenigen Händen zu konzentrieren. Wo doch das Statut der Partei die Frage der Macht eindeutig festschreibt. Hätte es eine geschichtliche Lehre nicht schon gegeben, so wäre großes Staunen vielleicht noch akzeptabel. Aber es war ja alles schon einmal dagewesen, es gibt doch schon lange schmerzliche Erfahrungen aus der Sowjetunion.

Nach dem XX. Parteitag der KPdSU (1956) brach, so ist immer wieder zu hören, für viele Genossen eine Welt zusammen. Zwar war das Ausmaß der Verbrechen der Stalin-Diktatur für die meisten Parteimitglieder nicht faßbar, Einzelheiten sind ja erst in den zurückliegenden Monaten bei uns publiziert worden, doch wußte bereits zu dieser Zeit jeder um die Zwielichtigkeit der Persönlichkeit Stalins. Deshalb war es damals ein fast einhelliger Schwur: Nie wieder *einer* Person huldigen! Nie wieder lügen! Nie wieder etwas gegen die eigene Überzeugung nachbeten, nur, weil es die offizielle Linie von »oben« ist. Und doch! Und doch ist es wieder geschehen: das gleiche Spiel, der gleiche unerklärbare Mechanismus, nur mit einigen Unterschieden. Das nationale und internationale Umfeld der Partei ist ein völlig verändertes, und der Scherbenhaufen ist total. Es gibt keine Kraft innerhalb der alten Strukturen, die zu einer wirklichen Erneuerung fähig ist. Obwohl die »Meckerer«, die »Querulanten« und »Miesmacher« – wie die kritischen Geister durch Anweisung der Führung abqualifiziert wurden – immer stärker ihren Unmut zum Ausdruck brachten, siegte letzten Endes wieder die unselige Parteidisziplin und die bei vielen feste Überzeugung, Kritik an Personen schade der Sache, ein Instrument der Machtausübung, auf die sich das Politbüro stets verlassen konnte.

Mit wem aus der ehemaligen Parteiführung kann man nun im Zusammenhang mit der Waldsiedlung sprechen? Zunächst einmal scheiden jene aus, die durch gerichtliche Untersuchungen nicht zur Verfügung stehen. Dazu zählen die Bewohner der Waldsiedlung Günter Mittag, Werner Krolikowski, Günther Kleiber, Erich Mielke und Harry Tisch. Erich Honecker und Willi Stoph sind nicht erreichbar. Andere Einwohner befinden sich im Ausland oder im Krankenhaus.

Was wir über Wandlitz wissen, bleibt spärlich. Erst nach und nach wird die Kostspieligkeit dieses Unternehmens deutlich. Jahr für Jahr Millionen Devisenmark, so erfahren wir von der Tribüne der Volkskammer, hat die Waldsiedlung geschluckt. Und die Tendenz war ständig steigend. Der Hauptteil floß in den berüchtigten Laden. Da ist sie, die Lüge vom 23. November, als Verwaltungsleiter Gerd Schmidt auf direkten Befehl der Presse erklären mußte, hier habe es ein nur wenig verändertes Warenangebot gegeben. Früher, so hieß es, war hier Intershop-Ähnliches zu haben. Daß nur Allerteuerstes und ausschließlich aus dem Westen, aber zu niedrigen DDR-Preisen im Verkauf war, durfte er den Reportern nicht sagen.

Obwohl das Angebot, um alle Spuren zu verwischen, hastig auf Exquisit- und Delikat-Waren zu entsprechenden Preisen umgestellt wurde, sind die Tage des Wandlitz-Ladens gezählt. Anfang Dezember schließt er ganz. Und Gerd Schmidt zerbricht an dieser Lüge, sie führt ihn ins Krankenhaus.

DIE VERBOTENE STADT

Die Privilegien hier, das Leben im satten Wohlstand – das kam ja nicht alles über Nacht. Auch der Wandlitz-Laden begann zu Zeiten Walter Ulbrichts als normales HO-Geschäft. Aber Stück für Stück kam etwas hinzu, wurde verbessert. Fragen nach dem Recht auf Überfluß waren bald durch die Gewöhnung erstickt. Ja, wer materiell unbeschwert lebt, fragt nicht ewig nach den Quellen des Reichtums und schon gar nicht, wenn man ihn klassenmäßig rechtfertigen kann: Es steht dir zu, Genosse, du brauchst das für die Wahrnehmung deiner hohen politischen Verantwortung, für die allerhöchste politische Verantwortung, die man in diesem Lande kennt. Keine kleinlichen Sorgen dürfen dein Gehirn abhalten von den großen Dingen dieser Welt. Wer Tag für Tag dem Volke so viel gibt, dem stehen auch bescheidene Vergünstigungen zu. Euer Politbüro hat uns die längste Friedensperiode in der Geschichte beschert. Allein das schon ist Grund genug, dich mit allem auszustatten, was du für dich und deine Angehörigen, Kinder und Enkel benötigst.

Schon die Konstruktion eines »Außenrings« und eines »Innenrings«, streng voneinander getrennt, macht die Perversität dieser »sozialistischen« Einrichtung deutlich. Im Außenring die Bediensteten, die Sicherheitskräfte, die Fahrer, das Personal. Im Innenring die »reine« Führung. Liegen da nicht Assoziationen zur Verbotenen Stadt chinesischer Dynastien auf der Hand?

Die konfuzianische Morallehre verleiht dem Alten und Weisen unumschränkte Macht, der sich das einfache Volk zu fügen hat, doch hat dieses Privileg auch einen Gegenpol. Macht war stets mit Güte und Anstand verbunden. Wer dieses Prinzip verletzte, war nicht würdig, Macht zu besitzen.

Die Recherchen über Wandlitz werden nicht nur durch die Tatsache erschwert, daß es sich um abgeriegeltes Terrain handelt. Die alten Männer des neuen Politbüros nach dem 18. Oktober haben kein Interesse an einer umfassenden Erhellung, sind doch auch sie jahrelang Nutznießer aller Vergünstigungen gewesen. Und so handeln sie folgerichtig nach dem Prinzip, nur das zuzugeben, was bereits bekannt ist. Nachdem nun auch diese Führung vom Zorn der Basis hinweggefegt ist, besteht keine Zuständigkeit mehr.

Zwar bleibt die Waldsiedlung äußerlich fast unverändert, doch gibt es dort einen nahezu revolutionären Wandel. Der erste Posten, der alle Fahrzeuge stoppte und auf den außerhalb liegenden Parkplatz dirigierte, wurde eingespart. Die Wächter am Eingang grüßen zwar noch immer korrekt, aber nicht mehr mit der entsetzlich preußischen Steifheit, die bis dato ehernes Gesetz war. Wurde allen Fahrzeugen, die den Innenring verließen, ein militärischer Gruß zuteil – es mußte sich ja stets um eine erlauchte Person oder eine dieser nahestehend handeln –, so geschieht nun Unerhörtes: Wer zum Kreis jener gehört, gegen die ermittelt wird, muß sich zum Beispiel Pkw-Durchsuchungen gefallen lassen.

Und noch etwas: Nicht nur Journalisten sehen sich in der Waldsiedlung um, Kriminalisten und Staatsanwälte bevölkern das Gebiet.

ANONYME STRASSEN

Obwohl in den November- und Dezembertagen noch täglich Journalisten aus aller Herren Länder Einlaß begehren, gerät bei uns Wandlitz schon bald aus den Schlagzeilen. Pompöse Jagdhütten, Superhäuser für die Töchter Günter Mittags, verdeckte Unternehmen und ein Schalck lassen immer neue Abgründe sichtbar werden.

Doch ich will nun, da das öffentliche Interesse für die Waldsiedlung anderen Ereignissen weicht, dranbleiben. Zu viele Fragen bleiben offen, die nur von den Bewohnern selbst beantwortet werden können. Wie lebte man in der Gemeinschaft der mächtigsten Männer des Staates? Wie fühlte man füreinander? Wie funktionierte dieses Miteinander? Wie konnte es dazu kommen, daß eine kleine Siedlung zum Symbol für Ausgrenzung, Abgeschlossenheit und Provinzialität wurde?

Ein Wort zur Provinzialität. Viele Leser des ND nahmen mir gerade diesen von mir in einem Artikel gebrauchten Begriff sehr übel. Eine Siedlung mit Schwimmbad, Luxus-Laden, Restaurant, Auto-Waschanlage, medizinischer Station und einem bestfunktionierenden Dienstleistungssystem wäre doch wohl schlechterdings nicht mit »provinziell« zu charakterisieren, hieß es. Doch Reichtum allein macht Größe nicht aus. Die Wandlitz/Waldsiedlung war zu allen Zeiten kleinbürgerlich, eng und begrenzt. Spätere Besuche bestärkten mich in dieser Überzeugung.

Die Wege durch die Waldsiedlung sind so anonym wie ihre Häuser rechts und links. Straßennamen sind nicht erforderlich, die 23 Häuser numeriert. Im Haus 11 wohnte der einst mächtigste Mann, heute krank, gebrochen und unansprechbar für jeden außerhalb seines engen Kreises. Es gehört wohl zu den Tragödien unseres Landes, so eigenartig dies klingen mag, daß über Partei und Staat ein scheinbar untadeliger Mensch stand, schon von seiner Vergangenheit her überzeugend: traditionelle Arbeiterfamilie, Revolutionär, im Zuchthaus ungebrochen, Aktivist der ersten Stunde, glühender Jugendfunktionär, unermüdlicher Parteiarbeiter, weltweit geachteter Staatsmann.

Mit solch einem König an der Spitze, wer konnte da etwas Abartiges ahnen. Alles andere als blindes und bedingungsloses Vertrauen, gepaart mit Parteidisziplin, war »Gotteslästerung« und wurde auch als solche geahndet.

Von der Größe dieser Persönlichkeit erfuhren wir immer und immer wieder. So würdigte beispielsweise das Zentralkomitee der SED Erich Honecker zu seinem 75. Geburtstag 1987 in einer Grußadresse mit Lobeshymnen wie: »Jahrzehnte heroischen Kampfes, ... großer persönlicher Einsatz als gestählter Kämpfer und hervorragender sozialistischer Staatsmann ..., hohe Autorität und persönliche Integrität ..., treuer Freund der Sowjetunion ..., mutig und entschlossen ..., Dein unerschrockener Kampf wurde Symbol für ... bleibende Verdienste ..., Deine Prinzipienfestigkeit und Sachlichkeit ..., Deine mitreißende Tatkraft und Dein tiefes Verständnis ..., mit der von Dir theoretisch und politisch geprägten Generallinie ..., Dein politischer Weitblick und Dein tägliches lebensnahes Handeln ..., Dein persönliches Engagement ..., mit Deinem gesamten Wirken, Deiner Lebensverbundenheit, Deinem warmherzigen Verhältnis zu den arbeitenden Menschen ..., Deiner Aufmerksamkeit für das, was sie täglich bewegt ...« Das war er, Erich Honecker.

Jedes Wort, heute gelesen, ein Peitschenhieb. Dennoch empfinde ich es, wie andere auch, als recht unwürdig, wie dann mit dem einst mächtigsten Mann der Republik verfahren wird. Unabhängig von der Größe seiner Schuld hat auch er eine humanistische Behandlung verdient. Aber es gehört wohl letzten Endes zu den alten, maßgeblich auch von ihm entwickelten Strukturen, daß dieser überzeugte Atheist zunächst nur dank christlicher Nächstenliebe einen Platz in Zurückgezogenheit finden konnte.

LEERSTEHENDE HÄUSER

Nicht nur das Haus von Herbert Häber ist verwaist. Auch Willi Stoph, Günter Schabowski und die anderen haben die Waldsiedlung inzwischen längst verlassen. Haus 4 ist seit dem 15. November unbewohnt. Den ersten Mann der Partei für wenige Wochen hält es hier nicht länger, als der Zwang zur Kasernierung aufgehoben ist. Doch das Abrücken von Wandlitz hat keinen Einfluß mehr auf den Lauf der Dinge. Zu diesem Zeitpunkt bereits ist offensichtlich: Egon Krenz tritt mit einer Bürde an, die den Erfolg seiner Mission ausschließt. Er ist nun einmal auch ein Repräsentant des alten, verknöcherten Apparats. Er ist der von Honecker auserwählte Kronprinz. Das allein schon hätte ausgereicht, ihn nicht für das höchste Parteiamt zu nominieren. Doch weder er, noch andere hatten die Kraft, den Mut und die Weitsicht zu einer anderen Entscheidung. Die aber wäre notwendig gewesen bei Berücksichtigung aller Umstände. Und zu diesen Umständen gehören: Als oberster Wahlkontrolleur ist es Egon Krenz nicht möglich, nachzuweisen, daß bei den Kommunalwahlen alles mit rechten Dingen zuging, weil es nicht zu beweisen ist. Doch damit nicht genug! Auch zu den Ereignissen im Sommer in China und zu seinen damaligen Äußerungen kann er kein klärendes Wort sagen. In der Folgezeit seiner kurzen Amtsperiode ist sein Auftreten von Sprüchen in alter Manier (»Der Sozialismus in der DDR steht nicht zur Disposition.«) und weniger von Realitätsgespür geprägt. Es bedarf sicherlich noch einer gründlichen Analyse, warum der ehemalige Bewohner des Hauses 4 so glücklos waltete. Aber es ist eine Tatsache, daß die alten Strukturen des Apparates und die damit verbundenen Denk- und Arbeitsweisen es nicht zulassen, einen anderen als ihn in das höchste Parteiamt zu nominieren.

Diesem Denkschema folgend, daß die stärkste Partei in der Volkskammer automatisch den Staatsratsvorsitzenden stellen muß, trifft die Führung die nächste Fehlentscheidung. Doch der Versuch, an alten Machtstrukturen festzuhalten, soll sich für ihn und seine Mannschaft bitter rächen. Möglicherweise hätte ein anderes Herangehen doch etwas bewirkt. So aber ist jeder Schritt ein Schritt hinter den Ereignissen, halbherzig und unüberlegt. Egon Krenz hat den Bruch mit Erich Honecker vollzogen, aber zu einem Zeitpunkt, da die Partei in ihrem alten Guß schon stark zermürbt und jeder weitere Tag der Krenz-Ära unwiederholbar verlorene Zeit für die Konsolidierung der Partei ist. Und das in einer Phase, wo Sekunden zählen. Wenn es auch da etwas zu lernen gibt, dann zum Beispiel den Mut zum rechtzeitigen Reagieren. Was wäre denn geschehen, hätte die damalige Parteiführung vor zwei, drei Jahren den Mauerdurchbruch aus eigener Kraft herbeigeführt? Eine ganze DDR hätte ihr zu Füßen gelegen – mit Ausnahme derer, die mehr im Sinne haben als diese große Kleinigkeit.

Mehrere Besuche in Wandlitz im November und Dezember 1989 – sie bringen keine Sensationen zutage. Die Gesprächspartner sind die Mitmacher, in zunehmendem Alter die ermüdeten, kraftlosen Befehlsausführer, und sie können und wollen auch deshalb nicht zu den Symptomen des Machtmißbrauchs, wie auf dem außerordentlichen Parteitag formuliert wird, vordringen:

– Konzentration der Macht in den Händen eines arroganten Alleinherrschers;
– Steuerung der Wirtschaft durch eine Kommandozentrale, der es an Verständnis für elementare Bedürfnisse der produktiven und

sozialen Bereiche der Gesellschaft und der Lebensqualität der Bevölkerung fehlte;
– Reglementierung und bürokratische Zentralisation von Kultur, Wissenschaft und Bildung, die einen Teil unserer kritischen (und schöpferischen müßte man hinzufügen) Intelligenz außer Landes trieb;
– politische Entmündigung der Bürger unserer Republik und Kriminalisierung Andersdenkender;
– Verwandlung der Medienlandschaft in eine trostlose Informationswüste und eine widerliche Hofberichterstattung;
– Ausgrenzung der Parteibasis aus allen innerparteilichen Willensbildungs- und Entscheidungsprozessen.

Nach Sonderparteitag, Untersuchungsausschüssen und ständiger Belagerung durch die Medien ist die Gesprächsbereitschaft der ehemaligen Politbüromitglieder gleich Null. Haben sie in den ersten Wochen nach ihrer Ablösung noch das Bedürfnis, sich darzustellen, so weicht dies einer tiefen inneren Zurückgezogenheit. Auch ist hier und da noch die einstige Machtarroganz im Spiel, die es verbietet, auf Bitten anderer, zum Beispiel eines Journalisten, zu reagieren. Ist man doch bis dahin selbst derjenige gewesen, dem Bitten erfüllt wurden, die als Befehle zu verstehen waren. Horst Dohlus zum Beispiel hat kein Interesse an einem Gespräch, wie er mir am 19. Dezember am Telefon mitteilt. Kurt Hager und Joachim Herrmann ziehen gegebene Zusagen wieder zurück. Auch Inge Lange ist nicht mehr zu einem Gespräch bereit. Alfred Neumann will nach dem, was man »in der Jungen Welt mit Horst Sindermann gemacht hat«, keine Journalisten mehr sehen, und die Familie von Willi Stoph lehnt ebenfalls ab. So bleiben als direkte Gesprächspartner Horst Sindermann und Erich Mückenberger. In einem der anderen Häuser ist eine Angestellte gesprächsbereit, doch nur unter der Voraussetzung, daß sie anonym bleiben darf. Auch eine Krankenschwester aus der medizinischen Station erzählt am 12. Januar 1990, ihrem letzten Arbeitstag in der Waldsiedlung, von ihren Aufgaben in den zurückliegenden Jahren. Sie soll ebenfalls nicht mit vollem Namen erwähnt werden, obwohl sie keine Einwände hat hinsichtlich einer Veröffentlichung unseres Gespräches. Doch die sich verbreitende schlechte Kultur im Umgang mit den Menschen läßt mich so verfahren.

Die wiedergegebenen Gesprächs-Protokolle lassen zumindest einen kleinen Einblick in die Denk- und Gefühlswelt derer zu, die einst die DDR beherrschten, und jener, die ihnen aus tiefster Überzeugung für eine gerechte Sache zu Diensten waren.

Im Januar vollziehen sich weitere rasche Wandlungen in der Waldsiedlung. Nachdem feststeht, hier wird ein medizinisches Rehabilitationszentrum eingerichtet, wird der Objektschutz weiter reduziert. Viele der Mitarbeiter sind entschlossen, sich künftig der Pflege der Kranken zu widmen.

Die ehemalige Parteiführung findet in Altersheimen oder in normalen Mietwohnungen eine neue Bleibe, zu Konditionen, die auch denen anderer Bürger entsprechen. Aus der Waldsiedlung wird der Waldfrieden. Im Februar kommen die ersten Patienten. Für dieses Fleckchen Erde beginnt wirklich ein neues Zeitalter.

Gespräch mit Horst Sindermann, Frau Sindermann und Sohn Michael am 30. November 1989 in Wandlitz, Haus 3

Genosse Sindermann, wenn wir über die heutige Situation sprechen und nach den Ursachen forschen, muß man da nicht schon beim VIII. Parteitag der SED 1971 anfangen, der das Konzept der Hauptaufgabe, der Einheit von Wirtschafts- und Sozialpolitik, entwikkelte? War das nicht der Versuch, die BRD auf einem niedrigeren Niveau zu kopieren? War es nicht so, daß dabei bestimmte Werte des Sozialismus im Prozeß der Durchsetzung dieser Politik einfach verkümmert sind?

Horst Sindermann: Das glaube ich nicht. Zu den Wertvorstellungen des Sozialismus gehört alles, damit der Mensch gut leben kann. Ich erinnere an die Rede von Engels am Grabe von Marx, wo er die Theorie von Marx erläuterte. Und das war der Ausgangspunkt der Überlegungen der Politik der Einheit von Wirtschafts- und Sozialpolitik. Der Mensch kann erst, wenn er zu essen hat, sich kleiden kann usw. sich frei entwickeln. Daß wir vieles formal gemacht haben, das hat uns wahrscheinlich sehr geschadet. Aber immerhin, wir haben einige große Programme aufgestellt. Das Wohnungsbauprogramm zum Beispiel. Wir haben unsere Zielstellungen insofern erreicht, daß wir heute siebenundzwanzig Quadratmeter Wohnfläche pro Kopf der Bevölkerung haben, über neunzig Prozent Anschluß an die zentrale Wasserversorgung – eine Voraussetzung für sanitäre Einrichtungen. Also die Wohnungsfrage als soziales Problem, die haben wir gelöst. Dabei gibt es noch viele schlechte Ecken, die wird es auch noch geben. Viele Reparaturaufgaben blieben dabei auf der Strecke, unsere Kräfte haben nicht gereicht für alle Aufgaben. Wir haben 3 600 000 Wohnungen gebaut seit dem VIII. Parteitag, neu gebaut. Reparaturen reichten nicht aus. Ein Widerspruch war, wir hatten für dieses Programm zu wenig Arbeitskräfte. Es gibt Richtnormen, wie viele Arbeitskräfte nötig sind für eine Wohnungseinheit. Wir lagen immer darunter. Hinzu kam die Leichtfertigkeit, bestimmte Probleme zu übergehen. Es mußte eben durchgesetzt werden, durchgezogen werden, auch wenn es nicht klappte. Es wurde vorwärtsgetrieben und in einer Sprache, die keine sozialistische war, unter uns gesagt. Und mit Methoden der Administration, der Befehlsausgabe! Und das war auch das Typische im Politbüro, wenn du das verfolgst auf der Leipziger Messe, da gab es die Tagungen der Generaldirektoren. Alle Großköpfigen waren da und haben sich das angehört und sich beschimpfen lassen zum großen Teil. Oder nehmen wir das Problem des Gesundheitswesens. Die Idee unseres Gesundheitsprogramms, das war eine sozialistische Idee. Wenn der Mensch arm ist, muß er früher sterben, deshalb mußten wir auch dem armen Menschen die Möglichkeit geben, durch kostenlose medizinische Betreuung, ihm den gleichen Standard zu geben, wie dem, der mehr Geld hat. Das war die Grundlage der Gesundheitspolitik. Meines Erachtens ein richtiges Prinzip, das zu den sozialistischen Werten gehört. Aber: Der Mangel war, daß unsere Kraft nicht ausreichte, das zu tun. Wenn wir also das kapitalistische Prinzip abschaffen wollen, dann müssen wir dafür etwas zahlen.

Bei meinen Überlegungen zum Verkümmern der sozialistischen Ideale meinte ich mehr eine andere Richtung. Wenn ein Arzt seine Patienten verläßt, hat er nicht das humanistische Profil, das für einen solchen Beruf unabdingbar ist. Die vielen jungen Leute, die gegangen sind, sie haben zu dieser DDR keine oder nur recht wenig innere Beziehung gehabt, sie haben sie nicht als ihr sozialistisches Vaterland empfunden, in dem es sich zu leben lohnt. Da haben wir doch etwas falsch gemacht.

Horst Sindermann: Wir haben nicht berücksichtigt, daß im Bewußtsein der Menschen auch noch andere Dinge wirken, Traditionen, die weitergegeben werden.

Frau Sindermernn: Aber das waren doch bei uns erzogene Menschen.

Horst Sindermann: Es gab aber auch gerade bei den Medizinern Standesdünkel.

Aber kann man damit den Weggang vieler erklären?

Horst Sindermann: Nein sicherlich nicht, man muß die Sache doch gründlicher analysieren.

Ist denn bekannt, wer hier der erste Einwohner in Wandlitz war?

Frau Sindermann: Matern, in dem Haus hier. Er hat das damals auch alles angeregt, mit der Siedlung hier. Das war Matern. Er hat ihn auch ausgesucht, diesen Punkt hier.

Horst Sindermann: Es war ein Beschluß des Politbüros. Das Politbüro sollte weg aus dem Städtchen in Niederschönhausen.

Frau Sindermann: Wir lebten ja direkt an der Wollankstraße.

Michael Sindermann: Wann sind wir eigentlich ausgezogen, 1962?

Frau Sindermann: Das war die Zeit, als wir nach Halle gingen.

Michael Sindermann: Das war 1963.

Frau Sindermann: Ab 1959 sind wohl hier die ersten ...

Michael Sindermann: ... da ist es gebaut worden.

Frau Sindermann: Na, es muß wohl alles so um 1961/1962 gewesen sein.

Horst Sindermann: Es war die Zeit unmittelbar nach dem Mauerbau.

Frau Sindermann: Wir wohnten ja in der Gegend, die nicht sicher war.

Bleiben wir bei Wandlitz. Es ist ja doch eine Siedlung, wo Menschen leben. Und wo Menschen leben, gibt es doch bestimmte Formen des gesellschaftlichen Zusammenlebens.

Frau Sindermann: Nein!!! Keiner ..., keiner geht zum anderen. Das gibt es einfach nicht.

Das heißt, daß all die Jahre jeder für sich gelebt hat?

Frau Sindermann: Genauso war es.

Horst Sindermann: Na gut, wir haben vorher gewohnt in Niederschönhausen, im Städtchen. Aber dort gab es das auch nicht.

Frau Sindermann: Doch, das war ganz anders ..., ganz anders. Da gingst du noch abends spazieren, da trafst du Walter Ulbricht, da hat man sich unterhalten. Doch hier gab es das doch nicht.

Horst Sindermann: Gott sei Dank nicht.

Frau Sindermann: Gott sei Dank nicht, wie Thea Matern schon mal sagte. Jeder stirbt hier für sich alleine. Es hat nie so etwas gegeben, daß man sich mal zusammengefunden hat.

Horst Sindermann: Das war auch richtig.

Frau Sindermann: Mit Kleibers manchmal, Einzelfreundschaften gab es. Mit Axen zum Beispiel.

Horst Sindermann: Wenn du so auf einem Fleck zusammenhaust, besteht immer die Gefahr, daß sich dann bestimmte Fraktionen bilden.

Frau Sindermann: Aber es war eine ganz andere Atmosphäre früher.

Horst Sindermann: Die Gefahr von Fraktionen bestand schon, durch Freundschaften meinetwegen, persönliche Freundschaften. Und trotzdem gehen die Freundschaften dann über in der politischen Diskussion in Standpunkte.

Frau Sindermann: Selbst unter uns Frauen, man hatte Angst, in der Gruppe was zu erzählen …

Horst Sindermann: Na ja, ich habe gute Beziehungen zu Axen und zu Kleiber. Da gab's nichts, was zwischen uns stand. Und Felfe …, ja Felfe, wir waren eine Linie, die wir aus Halle kamen.

Frau Sindermann: Und trotzdem sind wir nur ein-, zweimal zusammengekommen. Nein, ein vernünftiges Zusammenleben hat es hier gar nicht gegeben.

Ich versuche das mal ein klein wenig mit meiner Korrespondentenzeit in Warschau zu vergleichen. Wir waren dort eine kleine Kolonie von Journalisten aus der DDR und waren trotz aller Probleme, die wir miteinander hatten, doch bemüht, immer ein bestimmtes Maß an Gemeinsamkeit zu finden. Nun waren wir natürlich für verschiedene Institutionen tätig. Das ist sicherlich etwas anderes als dort, wo man gemeinsame Verantwortung in der Parteiführung trägt. Doch ich kann mir das einfach nicht vorstellen, daß es hier so etwas nicht gab, so ein Zusammengehörigkeitsgefühl.

Frau Sindermann: Ganz am Anfang hat man sich noch bei solchen Angelegenheiten wie Geburtstagen getroffen. Bis dann Honecker mal sagte – ich weiß nicht, ob du dich daran noch erinnerst –, es tut nicht gut, wenn man sich zusammenfindet. Unter Ulbricht hatten wir noch Geburtstage gefeiert und auch noch in der ersten Zeit.

Horst Sindermann: Ich kann nur sagen, da hat er recht gehabt, der Honecker. Da gab's zum Beispiel die Diskussion, wer lud wen ein. Wir hatten mal die Situation, als der Hager Geburtstag hatte, wir feierten hier drüben.

Frau Sindermann: Ich weiß nicht genau, ob es bei Hagers oder bei Honeckers war.

Horst Sindermann: Nein, bei Honecker war es nicht, das war hier drüben. Und da waren nun nicht alle eingeladen, konnte auch nicht sein. Schon war der Krach da. Ganz natürlich. Das hieß dann Cliquenbildung.

Michael Sindermann: Ich finde, es ist auch weniger geworden, Freunde hierher einzuladen.

Frau Sindermann: Ich finde, es wäre alles nicht so schlimm geworden, wenn nicht diese blöde Geheimnistuerei gewesen wäre. Man hätte einfach jemanden hier reinholen können ...

Horst Sindermann: Hast du doch.

Frau Sindermann: Natürlich, wir haben uns darüber hinweggesetzt, am Anfang.

Horst Sindermann: Wir haben viel Besuch gehabt, Junge, Junge, wir haben Silvester gefeiert ...

Frau Sindermann: Aber bei den anderen gab's, so weit mir bekannt ist, so etwas nicht.

Horst Sindermann: Also viele sollen mal nicht so tun, als kennen sie Wandlitz nicht. Viele Leute waren hier, von der Akademie der Künste ... Schönemann, Schnitzler, Wekwerth, Baierl, Konrad Wolf ...

Nun hat sich aber doch über viele Jahre um Wandlitz ein Mythos gebildet. Wandlitz, eine abgeschlossene, verbotene Stadt, getrennt vom Volk. Ich glaube, das ist das größte Problem, daß sich bei den Menschen das Gefühl festigte, unsere Führung sondert sich ab.

Frau Sindermann: Natürlich war es so, abgesondert waren wir.

Horst Sindermann: Es war auch eine recht unangenehme Angelegenheit. Nachdem wir aus Halle kamen, wir konnten nicht hier rauskommen.

Frau Sindermann: Wir kamen aus Halle, mitten aus dem Leben, und hier waren wir abgeschnitten, das hat uns gar nicht gefallen, keine Bahnverbindung, keine Omnibusverbindung. Man war wirklich abgeschieden von den Menschen. Es war nicht so wie in Halle, daß jeder bei uns klingelte und zu uns kam, wenn er was auf dem Herzen hatte.

Michael Sindermann: Darin lag natürlich wirklich die Gefahr.

Frau Sindermann: 35 Kilometer von Berlin entfernt, das haben sie absichtlich so herausgesucht.

Aber es gab doch eine Reihe von Genossen, die nicht hierher wollten.

Horst Sindermann: Viele, glaube ich, waren es nicht. Ich weiß von Norden, daß er nicht wollte. Aber später mußten alle hier rausziehen.

Frau Sindermann: In dem alten Städtchen wohnten ja auch noch andere.

Hat sich durch einen solchen Beschluß die Sicherheit verselbständigt? Ist es nicht eine paradoxe Situation, daß man einerseits der Führung des Staates angehörte, andererseits sich einem doch recht unnatürlichen Sicherheitsregime unterordnen mußte?

Horst Sindermann: Natürlich.

Michael Sindermann: Das vergessen immer viele, daß alles, was hier war, ja nicht auf unseren Wunsch hin geschah, sondern es wurde gesagt, das und das gehört dazu. Das war im Grunde genommen der Mielke-Apparat, der die Macht hatte.

Frau Sindermann: Na ja, die armen Jungs, die können ja nichts dafür. Der Mielke hat sich jetzt in sein Haus zurückgezogen, läßt keinen rein. Also ich begreif' das nicht, ich begreif' das nicht.

Ich habe einen dicken Stapel Leserbriefe, wo die Bürger ihre Empörung über die Privilegien, die mit der Waldsiedlung verbunden waren, zum Ausdruck bringen und Vorschläge unterbreiten, wie das Gelände einmal zu nutzen wäre.

Horst Sindermann: Eine Irrenanstalt oder etwas ähnliches?

Frau Sindermann: Wir wissen nicht, wohin.

Zum Beispiel ein Kinderferienlager, ein Heim für geschädigte Kinder ...

Horst Sindermann: Das ist ja hier eine kostspielige Angelegenheit. Ich glaube, es ist in erster Linie eine ökonomische Frage, wie das hier aufrechterhalten wird. Es sind dreiundzwanzig Häuser, die an eine Fernheizung angeschlossen sind.

Ich möchte noch einmal zurückkommen auf eine zurückliegende Zeit. Ich meine den Schritt von Halle nach Berlin, war er freiwillig?

Horst Sindermann: Ich war ja in Berlin, nur zeitweilig nach Halle abkommandiert. Aber es war damals schon klar, daß ich wieder nach Berlin zurückkehre. Das war im strengen Winter (1963), vom Parteitag weg bin ich direkt nach Halle, es war das zweite Mal. Die Elbe war zugefroren, und Vockerode stand still, Halle hatte kein Wasser. Es wurde mit Sprengwagen ausgefahren. Es war schlimm ...

Ich muß sagen, es hat mir gefallen. Da konnte ich wenigstens was machen. Ich habe nicht nur in dieser Situation Initiative gehabt. Bleiben wir bei Vockerode. Warum mußte die Elbe zufrieren, wenn das Wasser warm aus dem Kraftwerk kommt? Nur deshalb, weil es unterhalb des Kraftwerkes in die Elbe geleitet wurde.

Aber da, wo ich das Wasser brauch, gefriert es. Man mußte das Prinzip nur umzukehren. Das haben wir in zwei Tagen mit zwei Leitungen gelöst. So einfache Sachen, wo niemand eine Entscheidung traf. In dieser Preislage gab es noch eine Menge, wo man rangehen mußte, um Dinge schnell zu beseitigen. Zum Beispiel: Halle hatte zuwenig Trinkwasser. Auch hier haben wir schnelle Lösungen gefunden, ohne große Investitionen. Es gab viele Fragen, die man lösen konnte. Es war nicht so, wie es damals dargestellt wurde. Zum Beispiel Christa Wolf mit ihrem »geteilten Himmel«, die schwarze Stadt. Ich war nie ein Freund von ihr, weil sie keinen Optimismus hatte. Ausgesprochener Skeptizismus in ihren Werken. Und so einen Skeptizismus braucht man nicht in so einer Stadt, in so einer Gegend. Man muß Lösungen vorschlagen und Optimismus verbreiten. Und die erste Idee war der Bau von Halle-Neustadt. Den Kapitalisten, denen hatte ich das abgeguckt. Die hatten Siedlungen gebaut für die Arbeiteraristokratie. In Leuna und in Schkopau, dort wohnten die Meister, die Vorarbeiter und so weiter. Diese Grundidee, nicht in den Schatten der Werke zu bauen, wollten wir umsetzen.

Aus dieser Zeit stammt wohl auch die Losung: Sindermann macht's möglich?

Horst Sindermann: Das habe ich nicht erfunden ...! Ich glaube, der Generaldirektor von Buna hatte so etwas mal gesagt.

Der Weg nach Berlin führte ja dann auf den Posten des Ministerpräsidenten ...

Horst Sindermann: Zunächst 1. Stellvertreter, 1971 nach dem Plenum. Ich hätte lieber Parteisekretär von Berlin gemacht. Aber da gab es so viele Anwärter ..., Paul Verner und ... wie soll ich das sagen? Ich habe nie ein enges Verhältnis zu Willi Stoph gehabt. Nicht, weil ich nicht wollte, sondern ..., er ist kein Mensch, mit dem man Berührung haben kann.

Frau Sindermann: Das ist so ein Typ, der immer abgeschieden ist, von allen.

Horst Sindermann: Er will keine Kontakte, mit keinem. Nun gut, das sind Charaktereigenschaften. Eigentlich müßte man ja zusammenarbeiten.

Für einen Politiker, der die Interessen des Volkes vertreten will, keine gute Eigenschaft.

Horst Sindermann: Ich weiß, ich war ja sein Stellvertreter. Er wurde dann Staatsratsvorsitzender, und ich wurde Ministerpräsident.

Michael Sindermann: Zweieinhalb Jahre hast du unter seiner Leitung gearbeitet. Von Mitte 1971 bis Oktober 1973, als die Wahl war. Und dann Regierungschef bis 1976. Dann kam der Moment, wo Honecker die Doppelfunktion übernahm.

Horst Sindermann: Wo er dann Staatsratsvorsitzender werden wollte.

Ich muß sagen, was damals geschah, haben viele Genossen nicht verstanden. Ich meine konkret die Frage, daß Willi Stoph Ministerpräsident wurde und Horst Sindermann Volkskammerpräsident. Es tauchten bei vielen Genossen Zweifel auf, ob Genosse Stoph fähig ist, dieses Amt auszufüllen.

Frau Sindermann: Ich muß ehrlich sagen, auch wir haben diese Entscheidung nicht verstanden. Es ist nie gesagt worden.

Horst Sindermann: Es hing mit Breshnew zusammen, damals. Breshnew wurde Generalsekretär und Vorsitzender des Präsidiums des Obersten Sowjets und bat sozusagen Honecker, Husák und die anderen sozialistischen Politiker, die gleichen Funktionen zu übernehmen. Ich muß sagen, mir war das egal, ich habe nicht geklebt an meinem Ministerrat ...

Frau Sindermann: Du warst ganz schön geschockt damals, wie es gemacht wurde.

Horst Sindermann: Na gut, wie es gemacht wurde, daß es nicht erklärt wurde.

Frau Sindermann: Die meisten dachten dann: Hat er Fehler gemacht oder eine Dummheit? Über solche Sachen wurde ja überhaupt nicht geredet.

Horst Sindermann: Ich habe doch nicht schlecht gearbeitet als Volkskammerpräsident.

Frau Sindermann: Nein, darum geht es doch gar nicht.

Wer vom Ministerpräsidenten zum Volkskammerpräsidenten gemacht wurde, der mußte nach damaligem Verständnis etwas falsch gemacht haben?

Frau Sindermann: Aber du hast dich ja schon damals nicht dagegen gewehrt.

Horst Sindermann: Warum sollte ich mich wehren, ich war doch froh über die Aufgabe.

Michael Sindermann: Es ging ja auch darum, für Stoph eine neue Aufgabe zu finden.

Frau Sindermann: Ja genau, und er hat gesagt, er macht das nicht, das andere. So war es doch, oder?

Horst Sindermann: Da hingen so viele Details dran ... Ich habe als Ministerpräsident auch internationale Arbeit gemacht. Und das wurde mir schon verübelt von Honecker. Er wollte international auftreten. Stoph hat damals nie einen westlichen Staatsmann empfangen, nur aus sozialistischen Ländern. Alles andere kam zu Honecker. Und alles mußte zu Honecker. Das ging bei mir nicht. Wir haben damals die ersten Joint ventures gemacht, und zwar Erdölverarbeitungsanlagen nach Iran exportiert: 49 Prozent unser Kapital und 51 Prozent die andere Seite. Den Vertrag hatte ich abgeschlossen, nach zwei Monaten wurde er liquidiert. Allerdings gab es dafür eine rechtliche Grundlage, da bei uns Kapitalexport verboten war. Es wäre, wenn wir gewollt hätten, auch gegangen, dieser Joint venture mit Iran. Die nächste Sache war der erste gemeinsame Betrieb mit Polen, die Baumwollspinnerei. Auf diesem Gebiet hätten wir viel machen können. Zwischen Polen und der DDR gab es dafür gute Voraussetzungen.

Ich komme bei allem immer wieder auf Wandlitz zurück, weil alles, was in diesem Zusammenhang geschah, ja doch Aufschluß gibt über die Machtstrukturen in unserem Lande. Gab es im Laufe der Jahre nicht mal Überlegungen, auch mit Blick auf die Entspannungspolitik und die sich verändernden Bedingungen in Europa, daß Wandlitz doch ein Relikt der Vergangenheit sei?

Horst Sindermann: Wir lebten ja doch zu allen Zeiten an einer sehr sensiblen Grenze zwischen Sozialismus und Imperialismus. Wir haben den Imperialismus mitten in der Hauptstadt. Und zwar als Macht und als Ideologie. Und die Führung eines Landes, die unter solchen Bedingungen arbeitet, muß sich selbstverständlich schützen. Vor allen Eventualitäten! Man kann das aus der Zeit erklären. Wandlitz war, wenn man so will, ein Resultat des kalten Krieges. Erst wohnten wir zum großen Teil in Niederschönhausen, 1,5 Kilometer von der Staatsgrenze entfernt. Und dann ist die Idee gekommen, hier rauszuziehen. Hermann Matern hatte die Idee, Hermann Matern hat es ausgesucht, und im Politbüro wurde es beschlossen. Warum er das gemacht hat, weiß ich auch nicht, warum gerade hier. Das ist die eine Sache. Die andre Sache ist die große Diskussion über Privilegien. Die DDR ist ein Staat, und selbstverständlich hat die Führung eines Staates, wie in jedem anderen Staat, Bedingungen, die sich von denen anderer Bürger unterscheiden. Auch die Führung mußte man nach Leistung bewerten, oder wir machen eine kleinbürgerliche Gleichmacherei. Und das wird im Moment gemacht.

Es ist sicherlich schwer, in dieser Situation sich der Problematik der Privilegien frei von Emotionen zu widmen. Aber es war doch die ganze Geheimniskrämerei und das Gefühl – was heißt Gefühl –, es war ja tatsächlich so, daß hier ständig etwas verheimlicht wurde und bis jetzt noch versucht wird, alles im Schweigen zu ersticken.

Horst Sindermann: Du, ich leugne nicht, daß bei uns ein Prozeß der Demokratisierung einsetzen mußte. Das ist eine allgemeine Entwicklung, nicht nur in den sozialistischen Ländern. Dieser Prozeß zieht sich durch die ganze Welt. Wir haben uns sicher zu lange gesträubt dagegen. Und meines Erachtens war der Grund dafür eine gewisse nationale Überheblichkeit. Wir waren doch nicht gegen die Perestroika. Aber wir waren dagegen, daß wir mit der Perestroika die Geschäfte leer machen. Wir haben immer wieder betont, und alle anderen haben das uns ständig eingeredet: Ihr seid die Besten im Sozialismus. Ihr habt den höchsten Lebensstandard. Ihr habt die größten sozialen Leistungen. Und das stimmt auch. Das alles war aber kein Grund, die demokratische Entwicklung zu verhindern oder überhaupt nicht auf eine demokratische Entwicklung hier im Lande zu drängen. Das hat also wieder andere Gründe. Gehemmt wurde das, außer durch diese nationale Überheblichkeit, auch durch ein System – heute nennt man das Stalinismus. Aber das ist zu einfach. Nennen wir es mal ein System unter den besonderen Bedingungen des Sieges des Sozialismus in der Sowjetunion. Die Sowjetunion ist im Bürgerkrieg entstanden, und im Bürgerkrieg ist die Leitungsmethode das Kommandieren. Alles, was damals gemacht werden mußte, ging nur mit der Kommandomethode. Und so hat sich diese Methode Stalins herausgebildet, und die wurde noch verstärkt durch den Krieg. Im Krieg kannst du auch keine Experimente mit der Demokratie machen. Durch den Krieg ist dieses System doch mehr und mehr verhärtet worden. Und wenn du die Geschichte verfolgst, da war der gutgemeinte Satz von Wilhelm Pieck: Von der Sowjetunion lernen, heißt siegen lernen. Wir hatten keine anderen Methoden. Wir haben diese Methoden praktisch übernommen. Selbstverständlich hatten wir hier andere demokratische Traditionen, wenn ich nur an die vielen Besonderheiten unserer Entwicklung denke.

Läßt sich der Dirigismus in der DDR vielleicht so erklären, daß alles, was hier gemacht wurde, immer ein Profilkampf gegenüber der Bundesrepublik war? Ein DDR-Profil konnte ja immer nur dort zu suchen sein, wo es sich in einem Gegensatz zur BRD befand. Und der Versuch der Abwehr westlicher Einflüsse setzt ja doch einen starken, um nicht zu sagen übermächtigen Machtmechanismus voraus. Dennoch stellt sich heute die Frage, wie es passieren konnte, daß die Parteiführung bestimmte Prozesse einfach nicht erkannt hat und nicht in der Lage war, auf herangereifte Fragen mit neuen Antworten zu reagieren. Nehmen wir zum Beispiel die prunkvolle 750-Jahr-Feier Berlins. Faktisch in der ganzen Republik, einschließlich Berlins, gab es Widerstände. Hat denn niemand in der Parteiführung diese Zeichen registriert? Spätestens zu diesem Zeitpunkt war doch klar, daß man auf die Stimmungen in der Bevölkerung sehr sensibel reagieren muß. Nichts dergleichen geschah.

Horst Sindermann: Es wurde damals die Theorie entwickelt, der sozialistische Staat braucht eine attraktive Hauptstadt, und tatsächlich war ja unser Berlin gegenüber Westberlin weit zurückgeblieben. Konkret in der Attraktivität. Es gab eine große Parteiaktivtagung in Berlin, wo Honecker den Plan für Berlin entwickelte. Das bedingte, daß Berlin geholfen werden mußte. Daran mußten alle Bezirke mitwirken, und das wurde gemacht ..., wieder nicht mit demokratischen Mitteln.

Gab es da wirklich keine Chance zu erkennen, hier müssen wir anders herangehen? Es ist für mich einfach nicht zu verstehen, daß bestimmte Signale, die von überall her kamen, daß diese einfach keinen Eingang in die Überlegungen der Parteiführung fanden.

Horst Sindermann: Natürlich gab es solche Signale. Überall. Es gab auch Diskussionen im Zentralkomitee und im Politbüro über solche Fragen. Aber was sich jetzt herauskristallisiert über die Methoden einiger, in der letzten Zeit ganz besonders, wie soll ich das sagen ..., dem lag ein gewisses royalistisches System zugrunde. Alles war zugespitzt auf eine Person. Er war nicht mehr der Erste unter Gleichen, sondern der Erste über den anderen, und er hatte sich auch dafür seinen eigenen Machtapparat geschaffen.

Nun, man kann heute gut darüber reden. Wer ist denn so poussiert worden von der Welt, wie Honecker? Es gab doch keinen westlichen Politiker, der nicht gerne mit Honecker sprechen wollte. Ausländische Staatsmänner, zahlreiche Parlamentspräsidenten wären nicht gekommen, wenn ich nicht versprochen hätte, sie dürfen mit Honecker sprechen. Es war doch schon ... ein Komplex. Er ist wirklich poussiert worden von allen Staatsmännern. Seine Auslandsreisen in die kapitalistischen Länder, mit einem Pomp. Das hat er ausgenutzt, hier, um seine Person. Es ist mal der Begriff des Personenkults gefallen von Hager. Ich halte das nicht für richtig. Es war ein System, das er aufgebaut hatte. Von ihm ging alles aus, und er hat sich seinen Apparat geschaffen. Auf der einen Seite Mittag, aber auch euer Vorgesetzter Herrmann, der wie ein Hündchen alles ausführte. Jede Meldung mußte beginnen mit Honecker. Wenn du früh Radio angedreht hast, kam Honecker, und es gab oft Einwände dagegen im Politbüro, von einzelnen Genossen, von Hager und so. Das hat er zwar zur Kenntnis genommen, aber nicht geändert die ganze Sache. So daß die Situation im Politbüro schon seit längerer Zeit sehr gespannt war, wirklich gespannt war. Es wäre unsinnig zu sagen, es gab Fraktionen, aber es gab unterschiedliche Auffassungen. Aber in der entscheidenden Situation konnte er sich in seine Krankheit flüchten. Schon vor seiner Krankheit hätte der Entschluß gefaßt werden müssen zu einer Änderung. Dann hat er uns immer wieder hingehalten mit seiner Krankheit und hat nur noch mit Mittag gesprochen. Zu niemand anderem.

Der Höhepunkt war dann der Besuch von Gorbatschow zum 40. Jahrestag. Es gab eine gute Aussprache, die Gorbatschow führte. Es sind ja einige Aussprüche bekannt geworden. Aber das Beschämende war die Antwort von Honecker, die nationalistische Überheblichkeit. Wir sind bei vier Megabit, wir sind weit voran. Das hat ihn auch dazu veranlaßt, keine Zusammenarbeit mit sowjetischen Betrieben anzustreben. Immer mit der Begründung, das ist zu unserem Nachteil. Die wollen bloß was von uns. Der Gorbatschow hat das, wie soll ich sagen, geschluckt, aber wir sind auseinander und haben gesagt, jetzt ist Schluß. Das war der Höhepunkt. Es gab einige Politbürositzungen. Ich war in dieser Zeit im Krankenhaus, bin aber zu den Sitzungen gegangen. Die gingen von früh bis abends. Da ist er schon nicht erschienen. Damit wir keine Beschlüsse fassen können.

Ohne Erich Honecker waren also keine Beschlüsse möglich?

Horst Sindermann: Na gut, wir hätten Beschlüsse fassen können. Aber wir wollten ja, daß er sich stellt, dem Politbüro. Wir brauchten viele Tage, und als er kam, war klar, der erste Punkt war – ohne Diskussion – die Absetzung von Honecker. Und auch dort hatten wir erwartet, daß es Diskussionen gibt. Aber er hat nichts gesagt und sich sofort wieder in die Krankheit geflüchtet. Bis jetzt. Soviel ich gelesen habe in der Zeitung.

Michael Sindermann: Aber so krank ist er nicht, oder?

Horst Sindermann: Ich weiß es nicht.

Frau Sindermann: Er geht doch immer hier spazieren. Gestern haben wir ihn erst wieder gesehen.

Horst Sindermann: Ich weiß es nicht, er kann ja als Kranker spazierengehen. Das ist ja auch seine Sache. Jedenfalls ist es das Argument, seine Krankheit verhindert es, öffentlich Stellung zu nehmen. Ich glaube, Krenz hat das jetzt wieder gesagt. Also er weicht dieser Auseinandersetzung aus, und das ist immer noch – möglicherweise ist der Ausdruck nicht richtig – ... immer noch dieses royalistische System der Macht. Er kommt mir auch jetzt noch vor, wie so ein kleiner König. Wie ein Puter.

Und so ein Mensch hat diesen ganzen Staat aufs Spiel gesetzt, geopfert?

Horst Sindermann: Natürlich, wir haben zu lange zugeschaut.

Wir hatten doch, wenn man es genau nimmt, eine ganz große Chance, diesen Prozeß, der nun über uns hereinbricht, vernünftig zu gestalten. Allerdings nur ohne Wenn und Aber, dazu scheint mir, war die ehemalige Parteiführung nicht in der Lage.

Horst Sindermann: Richtig, um das zu machen, brauchst du natürlich auch eine Mehrheit im Politbüro. Und es ist ja nicht so, daß er ohne Einfluß gewesen wäre. Nicht bloß durch Mittag und Herrmann. Es war ein Prozeß von einigen Wochen, wo es zum Beispiel kam, ihn abzulösen. Und seitdem hat er sich auch wieder verkrochen. Er hat sich auch dem ZK nicht gestellt, und ihr schreibt viel über Mittag und über Tisch. Aber über Honecker schreibt ihr nichts. Seine drei Jagdgebiete ... Ich weiß jedenfalls nichts. Man muß natürlich jetzt alles schonungslos aufdecken. Aber wenn das die Linie wird, dann geht die Sache daneben. Ein Staatsoberhaupt hat immer, egal auf welchem Flecken der Erde, besondere Lebensbedingungen. Das lenkt ab. Privilegien lassen sich gar nicht vermeiden. Du bist in einer Funktion, wirst anders behandelt als in der anderen Funktion, ob du willst oder nicht. Und wenn du jetzt auf Volkstümelei machst und statt Volvo einen Trabant fährst, bleibst du trotzdem ein Privilegierter. Du gibst dir nur den Anschein eines bescheidenen Privilegierten.

Michael Sindermann: Ich meine, das Haus von Krolikowskis

Sohn mit 200 000 Mark aus dem Staatshaushalt, das ist natürlich ganz schön happig ...

Horst Sindermann: Das stimmt so nicht. Wir haben heute gerade darüber gesprochen. Er hat die ganze Sache dem Staatsanwalt übergeben ..., alle Rechnungen, es kostete auch keine 200 000 Mark, jedenfalls ist alles bezahlt worden. Aber es werden noch mehr Fälle kommen, wie diese Sachen .... Unser Haus haben sie auch versiegelt, heute.

Frau Sindermann: Heute noch nicht, morgen oder so ..., sie sind zur Zeit im Schloß von Mittag. Wir liegen ja nur mittendrin, zwischen den beiden, das kommt auch noch dazu.

Horst Sindermann: Nun gut, sollen sie doch .... Ich habe alles abgegeben. Was Herrmann betrifft, großer Quatsch, der war überhaupt kein Jäger.

Frau Sindermann: Aber er hat ein Haus.

Horst Sindermann: Mein Gott, wer hat kein Haus, Wochenendhaus. Also besondere Sachen hat er nicht gehabt. Er war ein sehr bescheidener Kerl. Er war bloß dumm, das ist seine Schwäche. Er hat sich benutzen lassen. Er hat keinen Vorteil davon gehabt. Das ganze Gerede mit den Privilegien geht in eine falsche Richtung, in eine bürgerliche. Ich würde sagen, das Schlimmste ist der Leitartikel von euch, von gestern (»Neues Deutschland« vom 29. November 1989 unter der Überschrift »An die Wurzel!«: »Die Männer der alten ›Garde‹, deren volks- und parteischädigendes Verhalten immer neue Beispiele für Telexticker und Bildschirme liefert, beschäftigen die Öffentlichkeit ebenso wie alle Mitarbeiter unserer Zeitung. Die Öffentlichkeit ist so bestürzt wie wir. Wir sind so empört wie sie ...«). Das ist faschistische Ideologie, Pogromhetze gegen die Funktionäre, gegen die alte Garde: Was waren das ..., Betrüger, Schmarotzer und was weiß ich alles. ... und haben noch Leichen im Keller und so weiter. Das ist Pogromhetze. So etwas gefährdet das Leben der Funktionäre. So fing es an mit der Pogromhetze gegen die Juden, gegen die Kommunisten, und das irritiert mich. Alle sind sie für eine Demokratisierung, aber es zeichnen sich Tendenzen ab, in Leipzig war das so, des Großdeutschtums. Das hat nichts mit Demokratisierung zu tun.

Ein Einwand sei doch gestattet. Die Rufe in Leipzig und unser Artikel, das sind doch wohl zwei grundverschiedene Angelegenheiten ...

Horst Sindermann: Das Resultat ist aber das gleiche.

Hängt das nicht auch ein wenig mit der konkreten Situation zusammen, daß uns Journalisten eine normale Arbeit nahezu unmöglich gemacht wurde? Wie überall im Lande, so sind die Leute natürlich auch in unserer Redaktion in höchstem Maße erregt. Überall stoßen wir an Wände. Wir möchten, sofern das überhaupt noch möglich ist, uns allen Fragen mit großer Sachlichkeit nähern. Ich stand ja hier schon mehrfach vor dem Tor. Wir hatten schon seit längerem vor, eine Reportage über Wandlitz zu machen. Nicht so, wie es dann organisiert wurde, mit einer Horde Journalisten hier reinstürmen. Doch es führte kein Weg rein …

Frau Sindermann: Ihr wurdet ja gar nicht vorgelassen. Sie riefen an hier und sagten, es geht nicht.

Ich will nur sagen, wir sind nach wie vor einem gewissen Druck ausgesetzt, den spüren wir. Dann ist es nur zu verständlich, daß ein Journalist mal zeigt, daß er wütend ist.

Horst Sindermann: Ganz gleich, wie es sei, man darf sich als Politiker nicht vergreifen im Ton. Es ist Pogromhetze gegen die alte Garde. Du wirst dich nicht wundern, wenn hier plötzlich 10 000 Menschen herkommen und Wandlitz stürmen wollen. Die sind ja vom ND faktisch aufgefordert worden. So hat der »Stürmer« früher geschrieben …, denn gewiß sind noch nicht alle Leichen aus dem Keller. Amtsmißbrauch, Korruption, Verschleuderung von Volksvermögen durch Lügner, Schmarotzer, Bankrotteure, die Männer der alten Garde.

Aber das Problem ist doch wohl, daß diese DDR tatsächlich vor dem Ende steht. Das ist doch der Kern bei der ganzen Angelegenheit. Die DDR steht am Rande ihrer Existenz, und wenn es uns nicht gelingt, hier klar Schiff zu machen, dann sind wir als Partei, als Zeitung sowieso, erledigt. Wenn wir jetzt schon keine revolutionären Taten vollbringen können, dann müssen wir wenigstens den Leuten das Gefühl vermitteln, wir sind ehrlich. Was heißt überhaupt Gefühl, wir müssen jetzt erst mal nur ehrlich sein, weiter nichts als ehrlich …

Michael Sindermann: Beim besten Willen, Vater, aber ihr wißt nicht, was draußen los ist. Die Leute sind verbittert, empört.

Horst Sindermann: Na und, was machst du dagegen?

Michael Sindermann: Was machst du dagegen …? Die Leute sagen, wenn ihr das nicht aufdeckt, gehen jeden Tag Tausende aus der Partei, schmeißen ihr Buch hin.

Horst Sindermann: Das heißt, du heulst mit den Wölfen. Du

hast zwei Wege: Entweder die Partei formiert sich zum Kampf oder wird Volkstümlerpartei und heult mit den Wölfen. Und deshalb wird die Partei marschieren in Richtung Sozialdemokratie. Die Quelle liegt in Dresden. Der Berghofer hat sich schon angemeldet, als Generalsekretär. Ein typischer Volkstümler. Er hat den Modrow hier …

Aber bei Prüfung aller Umstände: Müssen wir nicht diesen Weg gehen? Hat uns die alte Parteiführung nicht dahin gebracht, daß nur noch dieser Weg begehbar ist? Das ist doch noch die einzige Chance, die wir haben in der DDR, noch zu existieren.

Horst Sindermann: Na bloß, dann hast du keinen Sozialismus mehr. Das nächste ist dann die Privatisierung der Industrie.

Ich bin der festen Überzeugung, wenn uns dieser Weg mit einem eigenen DDR-Profil nicht gelingt, dann haben wir überhaupt keine Chance mehr. Jeder Versuch beispielsweise, sich als kommunistische Partei zu profilieren, führt das Land auf dem direktesten Weg zum Kapitalismus. Kohl hat ein leichtes Spiel mit uns. Um etwas durchsetzen zu können, braucht man doch die Menschen.

Horst Sindermann: Richtig, eine alte Frage der Arbeiterbewegung.

Frau Sindermann: Daß es so schlimm wurde, lag doch aber auch an euch. Ihr seid doch nie dagegen angegangen, ihr von der alten Garde. Ihr habt doch nie Stellung bezogen, bis auf Schürer und diese Typen …

Horst Sindermann: Die haben doch nie Stellung genommen.

Frau Sindermann: Na klar, der hat damit die Leute gewonnen, mit seiner Rede, ob es stimmt oder nicht. Hat er nicht selbst vor der Volkskammer erklärt, er hat versucht, sich gegen Mittag zur Wehr zu setzen? Er hat sich doch zur Wehr gesetzt, oder?

Horst Sindermann: Nein, so richtig hat niemand etwas unternommen. Wer behauptet, er wäre gegen Mittag aufgetreten, der ist ein Lügner.

Frau Sindermann: Aber ihr hättet dagegen angehen müssen. Das haben die Menschen von euch erwartet, keine Lenkung, keine Orientierung ist jetzt da.

Horst Sindermann: Du kommst doch gar nicht mehr dazu.

Frau Sindermann: Der Krenz wirkt doch so hilflos, wenn du den siehst.

Horst Sindermann: Urteile nicht so, du kennst das nicht.

Frau Sindermann: Er wirkt auf mich so, das sage ich.

Horst Sindermann: Der Mann hat es ungeheuer schwer. In der ganzen Zusammensetzung des Politbüros ist das schwer. Die große Gefahr ist doch, daß es hier anders läuft als in der Sowjetunion. Dort geht es um die Festigung des Sozialismus, der große Artikel von Gorbatschow zeigt das. Wenn er auch viele antileninistische Thesen aufstellt, er begründet sie ja auch, da Lenin das nicht vorausgesehen hat. Aber sieh: Der Leningrader Parteisekretär mahnt schon, nicht den Weg zu verlassen. Ich glaube, dort besteht nicht die Gefahr des Sozialdemokratismus. Dort besteht die Gefahr wirtschaftlicher Schlappen, und das passiert ja schon. Aber bei uns besteht immer die Gefahr der Rückkehr zum Kapitalismus, und das ist heute ganz akut. Denn wir haben eine politisch und ökonomisch sehr starke BRD, und es existiert momentan keine starke marxistische Partei. Die bürgerlichen Parteien bei uns werden als erste umfallen. Das ist ihre Mission nun mal im Leben. Und deswegen, wenn wir mit den Wölfen heulen ... Heute heißt es ja anders: Wir sind das Volk. Aber ich erinnere an die Polemik von Lenin gegen die Sozialrevolution. Die waren auch das Volk, und Lenin war der Sektierer, selbst von der Rosa Luxemburg eingeschätzt als Blanquist, also als Terrorist innerhalb der Arbeiterbewegung. Das kommt immer wieder vor. Doch wir müssen den Standpunkt finden, und der ist im Moment nicht da. Was für eine Partei brauchen wir? Eine Partei, die diesen demokratischen Prozeß vollzieht auf der Grundlage des Marxismus. Und das ist im Moment nicht zu sehen. Auf unsere marxistischen Wissenschaftler gebe ich überhaupt nichts. Die haben immer bloß hinterhergeschrieben, was wir gemacht haben, aber nie vorausgedacht.

Ich meine, es gab schon kluge Überlegungen, wie sich ein zukünftiger Sozialismus entwickeln könnte. Hätte man sie ernsthaft zur Diskussion gestellt, wäre uns vieles erspart geblieben. Nehmen wir das Papier der Gesellschaftswissenschaftler von der Humboldt-Uni. Da waren sehr interessante Gedanken zu lesen ...

Horst Sindermann: Ich kenne das. Wir haben solche Materialien bekommen. Für den nächsten Parteitag. Da ist keine Idee der Demokratisierung drin. Und das ist es, was wir jetzt brauchen, was wir entwickeln müssen, ohne Zweifel. Aber ich komme immer wieder darauf zurück, die Klassenfrage. Verteidigen wir die Interessen der Klasse, oder gehen wir über zur Deutschtümelei. Und auf dem Wege sind wir im Moment.

Wir können doch aber nicht von Demokratisierung reden, wenn es bisher so war, daß der Parteikader auf allen Ebenen der unumschränkte Herrscher war und letztlich nur sein Wort galt. Das ist möglicherweise etwas vereinfacht, aber letztendlich wurde die Entscheidung immer von der Partei getroffen, egal, ob entsprechende fachliche Kompetenz vorlag oder nicht. Na ja, und schlecht bezahlt wurde die Sache ja auch nicht.

Horst Sindermann: Nun war das so: Bis zu den Zeiten von Kossygin, da mußten in der Sowjetunion die Parteisekretäre weniger verdienen als die anderen. Und das war bei uns auch so. Als 1. Sekretär von Halle habe ich zweieinhalbtausend Mark verdient.

Michael Sindermann: Na gut, aber da warst du schon im Politbüro.

Horst Sindermann: Nein, das kam erst später, die Angleichung an die staatlichen Funktionen. Da bekamen wir einen Zuschlag, um auf das Gehalt eines Ministers zu kommen.

Über Finanzen ist ja doch sehr viel gesagt worden. Ich möchte noch mal auf das Leben hier in Wandlitz zurückkommen. Wenn untereinander so wenig Verbindung bestand, mußte man sich dann, wenn der erste Mann hier in der Nähe wohnte, sagen wir mal, ein wenig seinem Geschmack unterordnen?

Frau Sindermann: Eigentlich nicht.

Horst Sindermann: Nein, wir hatten alle unsere kleinen Eigenheiten.

Durfte man auch Haustiere halten, Katzen, Hunde?

Horst Sindermann: Früher bei Walter, da war das ein bißchen anders. Aber gestört hat es mich auch. Wir haben ja hier keine Zäune untereinander, und die Hunde, die schießen immer hinter den Hecken hervor. Wer war denn das, der mich dauernd gebissen hat?

Frau Sindermann: Das war Honeckers ...

Horst Sindermann: Nein, das war unser Nachbar hier ..., ach ja, Lamberz. Lamberz. Dieser Pudel, der schoß immer raus und biß zu.

(Es folgen noch etwa zwei, drei Seiten über Privilegien und persönliche Dinge und über einzelne Genossen – das ist hier weggelassen.)

Wenn wir nun zurückblicken, wo ließe sich denn der Punkt ansetzen, wo es begonnen hatte, sich zu verzerren. Muß man diesen Zeitpunkt mit der Machtübernahme Honeckers ansetzen?

Horst Sindermann: Nein, am Anfang war das ein bißchen anders, unverkrampft. Aber sicher, schon damals kam bei Honecker die Tendenz – die hast du bei vielen sowjetischen Repräsentanten – gegen den Vorgänger, gegen Ulbricht, aufzutreten. Das war schon Blödsinn. Ganz egal, wie ich zu Ulbricht stand, er war ein Original. Er war eine unverwechselbare Persönlichkeit. Auch in schwersten Situationen hat er an der Spitze gestanden. Ich erinnere mich, am 17. Juni '53 in Halle. Fragt mich: »Machen wir eine Kundgebung?« Ich sage: »Natürlich!« Hunderttausend Menschen damals, Marktplatz voll, Ulbricht spricht. Wir hatten ja in Halle sechs Tote, Schießereien. Da hat er meiner Sekretärin eine Rede diktiert, und als er da oben stand, da hat er was anderes erzählt. Der hat mit den Massen gesprochen. Er fragte auch immer: Was erzählen die Leute draußen?

Frau Sindermann: Er hatte auch eine menschliche Seite.

Ich finde, das ist ein guter Abschluß für unser Gespräch.

(Horst Sindermann starb am 20. April 1990 im Alter von 74 Jahren. Er erlag einem Herzinfarkt. In einem Kondolenzschreiben würdigte der Parteivorstand der PDS seine Verdienste im Kampf gegen Faschismus und für einen demokratischen Neubeginn, verwies auf seine Mitverantwortung für die Fehlentwicklung in der DDR.

Kondolenzschreiben an die Witwe übermittelten PDS-Vorsitzender Gregor Gysi, Volkskammerpräsidentin Sabine Bergmann-Pohl und Ministerpräsident Lothar de Maizière.)

Gespräch mit einer Hausangestellten von Wandlitz, Name nicht genannt, Mitarbeiterin des ehemaligen Ministeriums für Staatssicherheit, Dienstgrad nicht bekannt, am 21. November 1989

Können wir das auf Band aufnehmen, oder soll ich lieber schreiben?

Schreiben Sie lieber. Ich möchte auch nicht, daß da irgendwas ... meine letzten Tage – Sie verstehen –, die letzten paar Monate vor der Rente ....

Bei uns ein normales Arbeitsmittel ...

Ich bin ja solche Situation nicht gewohnt.

Wissen Sie, warum Wandlitz damals eingerichtet wurde?

Ja, wir hatten uns ja schon unterhalten mit unseren Genossen, sie haben ja auch noch einen Fahrer. Ob das nun vom MfS kam, und überhaupt, durch diese ganze Absicherung ..., ob das Ulbricht sein Wille war, das kann, möchte ich jetzt nicht sagen. Die haben damals bei uns geworben in Betrieben, die jungen Genossen, ob sie einsteigen, um diesen Kreis von Genossen zu betreuen.

Warum haben Sie das gemacht?

Ich hab' eigentlich die Überzeugung gehabt, daß das wichtig ist. Und auch die ganzen Jahre bin ich fest davon überzeugt, das Richtige getan zu haben. Ich war im Prinzip Mitglied unserer Partei, und ich wurde eigentlich auch von der Partei, nicht direkt hingeschickt, aber gefragt und ausgesucht. Na ja, ich meine, ich habe schon in den letzten paar Jahren meine Zweifel gehabt. Eigentlich seit dem Zeitpunkt, wo Konny Naumann hier in Ungnade gefallen war, wollen wir mal so sagen. Was er nun privat gemacht hat, ist seine Sache. Ich bin auch nachdem ein bißchen ruhiger geworden.

Bei meinem Parteigespräch hat man mich ja auch gefragt, wie es so kommt, daß ich so nervös bin, und ich habe gesagt, einfach der Streß hier im Hause. Denn die alten Leute sind ein bißchen anstrengend, ja, manchmal, ja, ansonsten ist er ein lieber alter, netter, oller Kerl.

Wie lange sind Sie in Wandlitz?

All die Jahre, eigentlich von Anfang an. Na ja, Gott, was war sonst da? Wir haben eben diesen Kreis betreut. Wir haben unser Möglichstes getan.

Unter uns jetzt, da Sie sagten, Sie sind Mitarbeiterin des MfS, nehme ich an, daß wir Ihren Namen nicht verwenden sollen.

Möchte ich drum bitten, ja.

Was waren Ihre Aufgaben?

Wir haben, also jeder hat so seinen Haushalt, ja, die jeweiligen Haushalte zu betreuen. Na ja, das ist im Prinzip das gleiche, was ich hier mache, sauber machen, Wäsche waschen, Mittag kochen. Und so weiter, ja.

Und Sie haben im Außenring gewohnt?

Ich wohnte direkt in Wandlitz, direkt im Ort. Wir haben dann, mein Mann ist im Februar in Rente gegangen, er war dort Maurer, der hat sich ein bißchen kaputtgespielt, die ganze gesellschaftliche Arbeit und was da so drum und dran hing …

Wie war denn so Ihr persönlicher Kontakt zu den Genossen? An wen haben Sie gute Erinnerungen?

Ja, na ja, Genosse Norden war ziemlich zurückhaltend, aber wie gesagt, wenn wir uns mit ihm mal unterhielten, war er sehr nett, so zugänglich. Wir haben auch manchmal gesessen, und er hat von seinem Leben erzählt. Na ja, wie er eben überhaupt zum sozialistischen Jugendverband gekommen ist. Er war ja Jude, nicht, und er hat da auch sich sehr engagiert. Sein Sohn, der war ja, bevor das mit Chile war, im diplomatischen Dienst in Chile.

Haben die Frauen der Politbüromitglieder auch im Haushalt mitgearbeitet?

Das war sehr unterschiedlich. Ich möchte jetzt keinen Namen nennen, aber manche waren recht komisch. Zum Beispiel abwaschen. Geschirr durfte ich da zum Beispiel nicht anfassen, das könnte ich kaputtmachen. Die Waschmaschine durfte ich nicht benutzen, die könnte ich auch kaputtmachen. Ich sage, ich habe zu Hause die gleiche. Na ja, sie war in manchen Dingen etwas komisch. Sie hat nun lange Zeit Emigration hinter sich gehabt, und das hat doch den Menschen geprägt. Sie fühlte sich auch immer ein bißchen verfolgt und konnte es wohl nie richtig fassen, daß sie nun alles hinter sich hatte. Und sie konnte das nie abstreifen.

Vielleicht war das der Wunsch nach einer privaten Sphäre?

Vielleicht auch, ja. Sie war auch die einzige, die ich da kennengelernt hatte, die sich ein bißchen zurückzog von allem. Sie suchte keinen großen Kontakt.

Wie war denn das bei den anderen. Sie haben sich doch mit ihren Kolleginnen ausgetauscht. Was berichteten sie über ihre »Chefinnen«?

Na, zum größten Teil gingen die Frauen ja arbeiten. Ansonsten kann man sagen, daß in den Haushalten, gerade von den älteren Genossen. ... Genossin Mückenberger machte sehr viel. Genossin Kleiber machte sehr viel. Genossin Kleiber machte hier sehr viel gesellschaftliche Arbeit, im DFD. Sie organisierte Solibasare und so weiter. Nicht nur im Haushalt, auch in der Richtung machten sie viel. Oder Volkssolidarität, irgendeine nützliche Sache.

Nun fiel gerade der Name Kleiber. Er spielte ja doch unlängst in der Presse im Zusammenhang mit angehäuftem Reichtum eine Rolle.

Ja, da bin ich eigentlich entsetzt gewesen.

Wenn man aber nun mit den Kollegen zusammensitzt, da muß doch so etwas bekannt werden.

Also ich muß Ihnen ehrlich sagen, beim Genossen Kleiber, ich wußte nicht, was da passiert ist. Ich kenne nur das, was in der Zeitung stand: die Geschichte mit dem Haus für den Sohn. Genosse Kleiber ist an und für sich ein sehr bescheidener Mensch. Im Gegensatz zu Mittag oder ... ja, Sie verstehen. Was nun jetzt so bekannt ist. Ich kann das auch verstehen, daß Genosse Kleiber für seinen Sohn hat bauen lassen. Denn, wer hat es nicht gemacht, der die Möglichkeit hatte dazu?

Aber es ist doch eine ganz schlimme Sache für unsere Partei ...

... ist es, ist es. Ich meine, ich habe auch so ein kleines Häuschen, so 'ne Ruine, mir gekauft. Wir wohnen zwanzig Jahre da drin. Aber wir kommen noch nicht weiter. Wir haben so einen alten Moskwitsch gekauft, den haben wir uns beim Materialranholen kaputtgefahren, haben alles selbst gemacht und so. Ich habe mich mit dem Fahrer eines Genossen unterhalten. Nun sieht es ja im Prinzip so aus, daß wir beim MfS entlassen werden (den Tränen nahe). Ich habe dreißig Jahre da gearbeitet. Es weiß ja noch keiner irgendwie etwas Genaues. Wie werden sie mit uns verfahren? Ich meine, ich werde im nächsten Jahr sechzig, gehe in Rente. Wir haben ja dreißig Jahre viel entbehrt. Wir haben keine Westverwandtschaft haben dürfen, überhaupt keinen Westkontakt, wir durften nirgendwo hinfahren, wir mußten Urlaub nehmen, wenn es uns gestattet wurde. Ich habe nicht nur sechzig Mark SVK-Beitrag gezahlt, sondern bis zum geht nicht mehr, und jetzt will man uns wahrscheinlich die Rente runtersetzen. Wo man doch jahrelang dafür gearbeitet hat, daß man ein bißchen gesichert ist. Und jetzt diese Angst davor zu haben, daß man von Menschen angepöbelt wird. Als wenn wir Verbrecher sind. Wir haben unsere Arbeit gemacht, so gut, wie wir konnten, wie jeder andere.

Sie haben doch überhaupt keinen Grund zur Angst. Sie haben doch Ihr Leben lang mit den Händen gearbeitet.

Eben, das bilde ich mir doch auch ein, war immer ehrlich gewesen. Ich habe mir auch nie irgend etwas schenken lassen. Ich habe keine Vorteile gehabt beim MfS. Ich habe wirklich keine Vorteile gehabt, nur Nachteile. Und wenn man uns jetzt um alles bringen will. Also ich habe zum Fahrer gesagt, wenn es so kommt, dann gehe ich auf die Barrikade. Denn es sind ja viele in meinem Alter.

Was haben Sie denn verdient im Monat?

Ich habe angefangen 1960 mit 490 Mark und habe jetzt zum Schluß 1 500 gehabt. Wir haben wirklich auf alles verzichtet. Auf alle persönlichen Sachen.

Da gibt es ganz andere, die jetzt ein schlechtes Gewissen haben müßten.

Eben deswegen, ja. Auch die Kinder haben unter diesem strengen Regime gelitten. Sie durften keine Freunde haben, wie sie wollten, durften nicht erzählen, kein Westfernsehen und so weiter. Da mußten wir ganz streng sein. Aber in der Schule, früher, haben sie doch sehr gelitten.

Nochmal zurück zu Wandlitz. Warum wohnten Sie nicht im Außenring?

Nein, entschieden nein. Das war ja wie ein Ghetto. Diese Mauer drumrum, dieses Eingesperrtsein, noch mehr Eingesperrtsein als andere. Ich meine, für mich stand die Frage nicht. Ich hätte da wahrscheinlich alle Bequemlichkeiten gehabt, eine zentralbeheizte Wohnung, einen Klub, hätte essen gehen können. Wir haben auch unseren HO-Laden gehabt, ohne anzustehen haben wir unser Fleisch gekriegt und so, was ja draußen doch ein wenig anders ist.

Aber wenn das so gute Bedingungen waren, warum mußte man das als Gefängnis empfinden?

Na ja. Wenn ich zum Beispiel Besuch bekommen habe, mein Bruder oder so, oder irgendein Verwandter, der mußte sich bei der Wache melden. Entweder mußte ich ihn von der Wache abholen und ihn auch wieder hinbringen.

Sie kennen ja auch den Innenring, weil Sie doch täglich im Haus arbeiteten. War es denn dort möglich, sich eine Privatsphäre zu erhalten, als führender Genosse? Es war doch immer Sicherheit dabei ...

Na ja, die Nachbarn waren immer dieselben. Wir, als Angestellte, waren immer zu zweit in den Häusern, die meisten Häuser waren zu zweit besetzt. Es nahm ja auch immer mehr zu mit den Datschen, das konnte ja eine nicht bewältigen. Na ja, die sind ja ... nun auch nicht mehr aktuell.

Aber noch existieren sie doch.

Nein, nein, das wird jetzt alles aufgelöst, liquidiert. Ich meine, wenn man so zu zweit ist, da kann man sich doch besser unterhalten. Aber wenn man so alleine ist ..., schlimm. Da bekommt man Komplexe. Da hat man viel Zeit zum Grübeln, zum Nachdenken, warum ist das so. Ich bin doch unter ganz anderen Voraussetzungen hierher gekommen, mit ehrlicher Absicht und bestem Willen, auch heute noch.

Und darüber haben Sie nachgedacht?

Ich habe nachgedacht darüber, natürlich. Ich denke an die alten Genossen, die dann nach und nach wegstarben. Die waren dann weg, sie waren auch sehr, sehr bescheiden, diese alten Genossen, die schon früher unter anderen Bedingungen gekämpft haben, die diesen Staat so wirklich aus den Trümmern rausgeholt haben. Später fing's dann an. Ich habe mal bei Mittags ausgeholfen. Ich habe auch bei dem Genossen Jarowinsky ausgeholfen, weil dort Schwangerenurlaub war.

Den Haushalt konnte also die Frau des Hauses einrichten?

Ja.

Aber auf jeden Fall war es eine Dienstwohnung, mit Dienstmöbeln und Dienstgardinen.

Na ja, ich weiß nicht, was sie dafür bezahlt haben. Auf jeden Fall gehörte alles mit 'zu. Jetzt müssen sie sich umstellen und sich selber Sachen anschaffen. Es ist ja auch wohl so, daß jetzt alle Dienstleistungen bezahlt werden müssen: Fenster putzen oder Gardinen waschen oder so. Das haben sie früher ja alles umsonst gehabt. Ab jetzt wird wohl alles bezahlt.

Sie erzählten von Ihren inneren Problemen, die Sie hatten. War es denn möglich, mit einem führenden Genossen darüber zu reden?

Das ist so eine Sache, wir standen ja auch unter Schweigepflicht. Mir ist das vollkommen klar, daß man über solche Menschen nicht alles raustragen kann. Sie haben auch ein Recht auf das kleine Stückchen Privatleben. Und solange ich in diesen einfachen Haushalten war, bescheidenen Haushalten, da habe ich das auch so empfunden, daß mir da etwas auferlegt wurde. Ich habe doch zu jeder Stunde aus Überzeugung gearbeitet.

Aber ... wenn man jetzt mal so diese anderen Haushalte sieht. Ihre Forderungen, die sie gestellt haben, wie soll ich sagen ... Na, sei es bloß, daß sie ihre ... Ich weiß nicht, ob ich es sagen darf ...

Sagen Sie's!

... ihre Westkataloge, die sie sich da geholt haben, und die Sachen, die sie da geholt haben, diese Geschichten meine ich.

Haben Sie sich denn auch mal was aussuchen dürfen?

Nein, eben nicht.

Und von diesen Katalogbestellungen haben ja auch Verwandte und Kinder profitiert.

Natürlich, na klar. Die überhaupt nichts mit uns zu tun hatten. Ich habe mich mal mit dem Genossen ... unterhalten. Ich meine, ich habe nie etwas gesagt, aber irgendwie kamen wir auch drauf zu sprechen. Er ist ja nun auch so ein richtiger oller Kommunist, mit Leib und Seele. Er hat ja auch ein wenig konsterniert geschaut, als das in der Sowjetunion begann, daß da auch alles durcheinander geht. Ich meine, er würde es nie sagen, ich habe auch nichts gesagt. Ich war mir mit Gorbatschow auch nicht so richtig einig. Aber ich habe ihm auch gesagt, warum kriegt dem Genossen Honecker seine Tochter eine Haushälterin von uns. Na ja, sagt er, das müssen Sie doch verstehen, die Sonja arbeitet doch. Ich sage, Genosse ..., wir arbeiten auch, wir haben auch Kinder. Außerdem ist Sonja jetzt im Babyjahr. Also mit welchem Recht? Wenn sie mit ihrem Haushalt nun gar nicht mehr alleine fertig wird, dann muß sie sich eben jemand nehmen und bezahlen, wie das überall so üblich ist. Ich muß das im Haushalt auch so machen. Ja, sagt er, ich könnte nicht von mir ausgehen, weil ich zu Hause, mit kleinerem Garten, viel Arbeit habe. Alle Frauen, die arbeiten gehen und abends nach Hause kommen, haben noch viel Arbeit, ob sie nun einen kleinen Garten vor dem Haus haben oder nicht. Jeder hat seine Arbeit abends zu Hause. Deshalb meine ich, das ist ungerecht. Und ich frage mich: weil er hier der erste Mann im Staat war, oder was ist los? Wie gesagt, das sind so meine inneren Bedenken. Und wenn man so hört, der Sohn hat das und die Tochter hat jenes. ... Und wir haben uns alles so zusammengeschuftet. Wir sind gerannt, daß wir mal ein Sack Zement bekommen. Wir haben von unserer Dienststelle keine Unterstützung bekommen, wir haben alles aus eigener Kraft gemacht. Das sind die Unterschiede. Mein Mann hat Schicht gearbeitet, da konnte er sich vormittags wenigstens mal anstellen.

Was heute in der Waldsiedlung zu sehen ist, entstand das alles in den 60er Jahren?

Es wurden da noch Wohnhäuser gebaut, die Fahrbereitschaft kam noch hinzu, für die Mitarbeiter der Klub kam hinzu.

Der Laden im Innenring, der existierte schon seit längerem?

Ja, der existierte schon.

Konnte da jeder reingehen?

Na ja, das waren so die kleinen Unterschiede. Ich meine, ich war auch schon drin.

Waren Sie auch einkaufen?

Na ja, zum Teil wurde aufgeschrieben, was bestellt wurde, zum anderen Teil auch eingekauft. Ich bin meist nur gegangen, wenn schnell mal dringend was gebraucht wurde, dann war auch keiner da, der es ausgetragen hat, dann haben wir auch schon mal selbst was geholt. Es waren ja auch Haushalte, die gesagt haben: du darfst ja auch mal, meinetwegen, Parfüm oder so etwas, die Verkäuferinnen waren da auch nicht so kleinlich.

So ein wenig Solidarität gibt es ja überall...

Natürlich, und es war ja auch da. Ich meine, unser Geld ist doch genausoviel wert, also eine Kleinigkeit war schon mal drin. Muß ich auch ehrlich zugeben, habe aber immer aufgepaßt, ist kein Vorgesetzter, kein Leiter drin.

Was waren denn die Anforderungen, beispielsweise bei der Familie Mittag, an Sie?

Es war überall im Prinzip das gleiche. Instandhaltung des Haushalts, zu sehen, ob irgendwelche Reparaturen... und so weiter ..., Wäsche in Ordnung bringen. Kochen ist da im Haushalt weniger gefragt gewesen.

Da konnte man anrufen, und dann wurde das Essen gebracht?

Ja, ja. Also wie gesagt, es waren die täglichen anfallenden Arbeiten. Der eine hat eben so mehrmals mit dem Finger gewischt, ob der Staub weg ist, der andere weniger. Wie das überall so üblich ist.

Gespräch mit Frau Ingrid B., Krankenschwester in Wandlitz, an ihrem letzten Arbeitstag dort, am 12. Januar 1990

Ihr letzter Arbeitstag in der Waldsiedlung, was ist das für ein Gefühl?

Nun ja, ich bin jetzt fünf Jahre dort draußen, da fällt einem der Abschied doch nicht so schwer. Ich habe da noch nicht diese Verbundenheit. Als ich von der Klinik rausgeschickt wurde, da ist es mir sehr schwer gefallen. Mit Tränen bin ich rausgegangen. Ich bin mehr ein Klinik-Arbeiter. Die Station war für mich wie eine Familie. Es kostete sehr große Überwindung, dort rauszugehen. Das damals hat mich sehr berührt, das heute nicht so sehr.

Dann war es also nicht sonderlich problematisch für Sie, dort aufzuhören?

Nein, gar nicht.

Andere sind geblieben und übernehmen nun die medizinische Betreuung im Rehabilitationszentrum. Warum sind Sie nicht auch draußen geblieben?

Also die, die draußen bleiben, die wohnen im Außenring. Das heißt, sie sind dort zu Hause. Ich mußte ja immer von Berlin nach Wandlitz fahren. Das war immer sehr unbequem. Insofern ist es für mich viel angenehmer, wenn ich wieder in der Klinik arbeiten kann.

Wie war denn in der Waldsiedlung der medizinische Punkt besetzt?

Als alles noch richtig funktionierte, war ständig ein Arzt draußen. Dazu kamen vier Physiotherapeuten und fünf Schwestern. Der Arzt wechselte ständig aus dem Regierungskrankenhaus, aber wir waren ständig dort.

Das heißt, die Station war nicht für einen Krankheitsfall ausgerüstet, sondern mehr zur medizinischen Betreuung?

Richtig. Wir waren vor allem da für die Notfallmedizin. Wir hatten Notfallausrüstungen, also, meinetwegen, einen Beatmungskoffer. Es waren ja alles alte Leute gewesen, die Mehrheit zumindest. Da gab es öfter mal Herzgeschichten. Vor allem aber mußten wir betreuen. Wenn sie nicht im Krankenhaus waren, dann brauchten sie immer wieder etwas. Eine Medizin, eine Inhalation, einen Verband. Es war so, daß sie bei uns die ärztlich angeordneten Medikamente bekamen. Die hatten wir dann zu besorgen und entsprechend zu verabreichen. Wir haben auch die Arzttermine in der Klinik organisiert. Wir waren, wenn man so will, Mädchen für alles. Wir waren für die Führung ein Anlaufpunkt für alles, was sie so bewegte.

Dann haben Sie gewissermaßen auch den Seelsorger für die Parteiführung gespielt. Haben sich denn Ihre Patienten Ihnen auch anvertraut?

Nein, das kann man nicht sagen. Wir Schwestern hatten nur unsere Verabreichungen gemacht. Vor allem ihre Medikamente bereitgestellt und sie ihnen gebracht.

Wer gehörte denn nun alles zu Ihrem Patientenkreis?

Es waren die Mitglieder des Politbüros, die Ehefrauen und die dort wohnenden Kinder. Dazu kamen dann noch die Kinder und Enkel, die an den Wochenenden ihre Eltern besuchten. Auch sie nahmen alles in Anspruch, was dort draußen existierte. Die Schwimmhalle, die Restauration und natürlich auch den medizinischen Dienst. Somit hatten wir gerade am Wochenende viel zu tun.

Welcher Unterschied besteht zu den Patienten hier draußen und in der Klinik?

Es ist ein himmelweiter Unterschied. Ich kenne die Politbüromitglieder und die Ehefrauen ja schon aus der Zeit der Arbeit in der Klinik. Dort sind diese Leute ganz andere Menschen. Sie fügen sich dort ein, respektieren das medizinische Personal, weil es ja meist um ernsthafte Dinge geht. In der Waldsiedlung war das anders. Dort waren sie zu Hause. Ich wollte das erst nicht glauben. Man hatte mir das vorher gesagt, bevor ich rauskam: Du wirst dich wundern, dort sind sie anders, das ist ihr persönlicher Bereich. Und es war dann auch tatsächlich so.

Das heißt, es gab im Verhalten der führenden Staatsmänner zwei Seelen.

Das ist doch aber normal, und das geht wohl jedem Menschen

so. In der Klinik waren sie Kranke, mußten sich dem im Krankenhaus herrschenden Regime unterordnen. Hier draußen waren sie keine Kranken, so mußten wir natürlich viel tolerieren, was es in der Klinik nicht gab. Frau Professor Wittbrodt, unsere langjährige Chefin hier draußen, hat uns immer wieder gesagt, wir sind hier für die Betreuung der Politbüromitglieder da und nicht, um ihre Gesundheit wiederherzustellen.

Wollen wir einmal das Thema wechseln. Eine Frage, die ich schon am Anfang loswerden wollte: Die Mitarbeiter der Waldsiedlung gehörten doch im Prinzip alle dem Ministerium für Staatssicherheit an. Ich nehme an, Sie auch. Welchen Dienstgrad hatten Sie?

Nein, wir gehörten nicht zum MfS. Der medizinische Bereich gehörte zum Regierungskrankenhaus. Es war dem Mielke ein Dorn im Auge. Er hätte uns gern vereinnahmt. Doch da war nichts zu machen. Da wäre niemand von uns hier draußen geblieben.

Also noch mal nachgefragt, kein militärischer Dienstgrad, sondern »nur« der Ehrentitel Schwester?

Richtig. Da wäre ich lieber irgendwo Kohlen schippen gegangen. Hätte solch eine Frage gestanden, da hätte ich mich nicht rausschicken lassen.

Was wäre denn anders gewesen, als Angehöriger des MfS?

Das fängt schon damit an, daß wir hätten rausziehen müssen, von Berlin in den Außenring. Das wäre mit mir aber nicht zu machen gewesen. Schon allein dieses Abgekapseltsein da draußen, diese Abgeschlossenheit. Für mich war das wie ein Ghetto. Das klingt zwar übertrieben, aber es war so. Für mich wäre das furchtbar gewesen. Ich hätte dort nicht leben können.

Aber manches war doch auch einfacher im Außenring.

Sicher, aber ich wollte meine Unabhängigkeit nicht aufgeben. Ich war alleinstehend mit meinem Sohn, er hat studiert. Es war nicht ganz einfach. Als Krankenschwester hat man ja auch bei uns nicht so viel verdient. Das ist ja erst in den letzten Jahren besser geworden. Ich bin vierundzwanzig Jahre in der Einrichtung, da gab es Treueprämien. Aber so toll war das nicht. Als MfS-Angehörige hätte ich es bestimmt materiell besser gehabt. Aber wie gesagt, mit mir wäre das nicht zu machen gewesen.

Aber es gab doch bestimmt eine Menge Berührungspunkte mit dem MfS?

Natürlich, alle Mitarbeiter hier gehörten ja dazu. Alles sympathische und anständige Menschen. Mit ihnen konnte man schon reden. Und dann wußten wir natürlich, daß die Staatssicherheit immer dabei war.

Wie ist das zu verstehen?

Es ist doch klar, wir wurden abgehört. Das scheint mir normal. Es hätte ja sein können, daß hier von den Politbüroleuten etwas gesagt wird, was Mielke unbedingt wissen mußte. Von uns hätte er nichts erfahren. Ich bin mir sicher, wir wurden abgehört.

Woher kommt die Gewißheit?

So etwas merkt man: Wie gesagt, ich habe nie ein Blatt vor den Mund genommen. Ich habe immer gesagt, was ich denke. Zum Beispiel habe ich mich mächtig darüber aufgeregt, daß wir immer mit einem so alten klapprigen Fahrrad zu den Häusern fahren mußten.

Es gab kein Auto zu den Politbüromitgliedern?

Nein, wir hatten ein Fahrrad, ein sehr altes. Nur, wenn es ganz schlimmes Wetter war, dann wurden wir mit unserer Medizin und den Ausrüstungen zu den Häusern gefahren. Nun habe ich einmal fürchterlich geschimpft, nach einem Besuch. So für mich. Wir fahren hier mit so ollen Vehikeln, wo immer die Ketten herunterspringen, und die fahren mit ihren Volvos hier vorbei. Das war für mich eine große Sauerei. Aber kaum hatte ich das ausgesprochen, da stand am nächsten Tag schon ein nagelneues Fahrrad vor unserer Station. So funktionierte das. Auch unsere Telefonate wurden bestimmt abgehört, damit nicht etwas nach draußen dringt, was niemand erfahren durfte.

Sie sprechen jetzt die Schweigepflicht für medizinisches Personal an?

Ja. Wir mußten kein besonderes Papier unterschreiben, aber das war für uns selbstverständlich, daß wir über unsere Arbeit und über unsere Patienten niemals sprachen. Das ist eine Frage des Berufsethos, zu dem ich selbstverständlich stehe.

Aber es gab doch sicherlich Situationen, wo man manchmal sein Herz ausschütten wollte, oder gab es das nicht?

Natürlich hatte man schon mal das Bedürfnis, mit jemanden zu reden, weil einen ja so viele Dinge bewegen.

Ohne die Schweigepflicht anzutasten, gibt es ein Beispiel, das man nennen könnte?

Ich will mal so sagen, ich habe den Albert Norden bis zu seinem Tode betreut. Er war ja zum Ende sehr, sehr pflegebedürftig. Es hat mich fürchterlich geärgert, daß dieser Mann so allein sterben mußte, und von seinen ehemaligen Freunden kam niemand zu Besuch. So etwas ist schon schlimm. Viele Jahre waren sie Kampfgefährten und plötzlich, wenn sie nicht mehr konnten, waren sie Luft.

Könnte das ein Grund sein, warum die Alten in der Parteiführung nicht zurücktreten wollten?

Das kann ich nicht beurteilen. Auf jeden Fall waren sie nur so lange akzeptiert worden, solange sie aktiv im Leben standen.

Kommen wir noch einmal auf das Leben in Wandlitz zu sprechen. Gab es für das medizinische Personal auch Möglichkeiten, die sozialen Einrichtungen zu nutzen oder im Laden einzukaufen?

Nein, weder für mich, die ich aus Berlin komme, noch für die anderen, die im Außenring wohnen, war das möglich. Eine Kollegin, eine Physiotherapeutin, sie ist 20 Jahre hier und die erste vom medizinischen Personal, die draußen war. Auch sie hat nie einen Fuß in diesen Laden gesetzt. Mußten wir mal etwas besorgen, wurden wir an der Tür abgefertigt. Von uns hat keiner seinen Fuß dort reingesetzt. Das kann ich so deutlich sagen. Es wäre auch niemand von uns auf die Idee gekommen. Wir sind für die Betreuung da, wir haben keinerlei Ansprüche zu stellen, das wurde uns immer wieder eingeschärft. Aber auf die Idee wäre auch keiner von uns gekommen.

Nun stehen wir vor der Situation im Lande, die vor Wochen noch niemand vorausgeahnt hätte. Es gab doch aber dafür viele Symptome, daß unser Land krank ist. Konnte man mit den Leuten aus dem Politbüro darüber reden?

Also auf uns traf das nicht zu. Wir haben mit ihnen über so etwas nicht gesprochen. Das widersprach ja auch der Anordnung, den Genossen angenehme Lebensbedingungen zu sichern. Das hätte ja bedeutet, sie mit zusätzlichen Sorgen zu belasten.

Und haben Sie selbst nicht einmal das Bedürfnis gehabt, mit den Politbüromitgliedern zu reden?

Nein. Sie haben uns manchmal nach persönlichen Dingen gefragt. Wie es uns geht oder etwas ähnliches. Unsere Antwort war gewöhnlich, es geht uns gut. Ich muß ehrlich sagen, wir hatten auch den Eindruck, sie wollten keine Probleme von uns hören, und dazu waren wir ja auch nicht da. Deshalb habe ich auch nie die Anstrengung unternommen, mit ihnen über politische Probleme zu reden. Ich fühlte mich auch dazu nicht kompetent. Also, richtige Gespräche gab es nicht.

Abschied von Wandlitz. Wer waren denn heute Ihre letzten Patienten?

Ich muß überlegen. Zuletzt war ich bei Ali (Alfred) Neumann, um etwas abzuholen. Auf dem Weg traf ich die Familie Herrmann. Sie war auf dem Spaziergang. Ich habe ihnen gesagt, daß heute mein letzter Arbeitstag ist, und sie haben sich bedankt für die Pflege und Sorge. Mir gegenüber waren sie sehr freundlich.

Alle, die mit ihm oder besser unter ihm gearbeitet haben, können das aber nicht bestätigen.

Natürlich, das ist doch ein ganz großer Unterschied, ob man ihn als Vorgesetzten hat oder ob man etwas Gutes für ihn tut. Hier draußen wollten sie ja etwas von uns und nicht umgekehrt. Das macht schon etwas aus. Jedenfalls war Genosse Herrmann hier draußen ganz anders, liebenswürdig, zuvorkommend und diszipliniert. Ich sage immer noch »Genosse«, das steckt so drin. Noch ist er ja Genosse. Da sieht man schon nicht mehr durch. Und sie waren wirklich diszipliniert. Wenn sie einen Termin hatten, dann kamen sie, oder wenn man um sieben bestellt war, wurde einem auch die Tür aufgemacht. Ich brauchte nicht zu warten. Und so war es bei Genossen Axen auch.

Waren denn manchmal mehrere Patienten gleichzeitig hier?

Nein, wir hatten ein Bestellsystem. Es ist zwar nie so deutlich ausgeprochen worden, aber wir hatten das Gefühl, daß die Genossen keinen richtigen Kontakt zueinander hatten. Wir hatten jedenfalls immer das Gefühl, daß sie sich sogar zum Teil aus dem Wege gegangen sind. Deshalb gab es auch hier keine Begegnungen. Wenn wirklich mal zwei hier waren, na ja, wir hatten ja genügend Räume.

Waren alle so empfindlich, oder gab es da Unterschiede?

Unterschiede natürlich. Nicht alle waren so wie der Genosse Stoph. Der war ja immer für sich allein. Der hat, soweit wir das sehen konnten, überhaupt keinen Kontakt gehabt. Der war absolut abgekapselt. Alle anderen hatten ja untereinander mal ein freundliches Wort. Er war aber völlig unansprechbar, der hat es am schlimmsten getrieben.

Wenn man aber doch enger mit den Patienten zusammen ist, als in einer medizinischen Einrichtung, da kann ich mir einfach nicht vorstellen, daß man mit diesen Leuten nichts weiter redet, zumal man sie auch in ihrem Haus aufsucht.

Wie soll ich das sagen, wir fühlten uns hier gewissermaßen als

Gäste. Was mich betrifft, so habe ich es nie gewagt, ein Gespräch zu führen. Ich kann mich noch an Paul Verner erinnern, der hat von sich aus mal nachgefragt, über das Leben außerhalb der Waldsiedlung. Der wollte immer etwas wissen. Aber wir haben uns bei ihm auch zurückgehalten. Das war eben ein ungeschriebenes Gesetz.

Sie sagten, Sie mußten aus Berlin nach Wandlitz fahren, wie kommt man denn da raus?

Natürlich gab es zur Waldsiedlung keine direkte Verbindung. Wir hatten immer 48-Stunden-Dienst. Wenn wir um 16 Uhr angefangen haben, dann bin ich um 14 Uhr mit der U-Bahn losgefahren bis zur Schönhauser. Dann in die S-Bahn nach Bernau. Dort fuhren mehrmals am Tage die Busse. Das waren Busse vom MfS, die alle zwei Stunden verkehrten. Die Reinfahrt war etwas günstiger, da gingen die Busse des MfS dann direkt nach Berlin rein.

Nun wohnen Sie aber direkt an der sogenannten Protokollstrecke. Hätte da nicht mal ein Auto anhalten können. Es muß ja nicht gerade ein Regierungsfahrzeug sein, aber von den Begleitfahrzeugen?

Weder die großen, noch die kleinen Volvos, mit denen die Ehefrauen fuhren. Hier und da gab es schon mal eine Möglichkeit. Zum Beispiel, ich hatte am Wochenende 50 Stunden Dienst, der um 16 Uhr beendet war. Der Barkas nach Berlin fuhr erst um 19.30 Uhr. Da haben wir schon mal bei der Fahrbereitschaft angerufen. Und wenn da zufällig ein Wagen nach Berlin fuhr, da konnten wir dann auch mitfahren. Die Genossen in der Fahrbereitschaft im Außenring waren sehr kooperativ. Da gab es hier und da schon mal die Möglichkeit, schneller in Berlin zu sein.

Aber eine generelle Regelung gab es nicht, sondern es war abhängig von der Freundlichkeit der Fahrbereitschaft?

So ist es, sie haben aber nach ihren Kräften geholfen, wo sie konnten.

Der Mitarbeiterstab der Waldsiedlung war ja sehr umfänglich, gab es da eine Rangfolge, wer als wichtig und wer als weniger wichtig eingestuft wurde?

Nun ja, es gab ja die verschiedensten Sachen. Der Laden, das Restaurant. Da waren wir als medizinisches Personal immer hintendran. Die anderen hatten ja doch mehr Annehmlichkeiten verbreitet als wir. Bei den Männern konnten wir nichts sagen, die waren ja immer im Dienst. Aber bei den Frauen hatten wir schon den

Eindruck, daß für sie der Friseur das wichtigste war, und wir waren da ganz hintendran.

Aber auch hier gab es Unterschiede?

Natürlich, die älteren Genossinnen waren schon sehr höflich und zuvorkommend. Nicht zu vergleichen zum Beispiel mit Frau Irina, für sie waren wir das letzte.

Wie war der medizinische Kontakt zur Familie Honecker?

Ja, wir hatten bis zum letzten Augenblick Kontakt zur Familie. Vergangene Woche, als es ihm nicht so besonders ging, da mußten wir schon mehrmals am Tage nachschauen und Blutdruck messen. Nun sind sie aus dem Haus, da haben wir sie nicht mehr gesehen.

1. Gespräch mit Erich Mückenberger am 4. Dezember 1989 in Wandlitz, Haus 2

Eine schnellebige Zeit, nichts für tiefgründige Analysen. Überlegungen, die wir gestern abend für dieses Gespräch hatten, sind heute schon wieder überholt. Ich möchte trotzdem zu Beginn – als Einstieg – die wohl entscheidende Frage stellen: Wie konnte es dazu kommen, daß unsere Partei in eine solche Krise geriet?

Ehrlich gesagt, dieser Gedanke läßt mich Tag und Nacht nicht mehr los. Ich war ja nicht erst seit gestern in der Parteiführung, und wenn jemand um die Einheitspartei gekämpft hat, dann war ich es. Es ist nicht unbekannt, ich komme aus der Sozialdemokratie, bin jetzt 63 Jahre in der Partei und komme aus einer alten sozialdemokratischen Familie. Habe bei der Einheit eng mit Otto Buchwitz, mit Hermann Matern zusammengearbeitet. Wir wollten damals die Einheit aus ehrlichem Herzen. Ich bin auch eng befreundet gewesen mit Otto Grotewohl. Und man kann schon sagen, mein ganzes Leben heißt eigentlich von Kind an Partei. Die Parteiarbeit war mein Leben.

Wer so lange für die Partei wirkte, kann entweder am besten die Frage beantworten, wie es dazu kam, oder er ist so betriebsblind geworden, daß ein Urteil darüber nicht mehr möglich ist.

Aus meiner Sicht, es gibt viele Ursachen. Mir wird aber zunehmend klarer, daß in den letzten Jahren das Politbüro nur nach außen hin ein Kollektiv war. Du kannst aber nicht den Zeitpunkt bestimmen, von wann an es nicht mehr lief. Das wär' zu einfach, zu simpel. Es bildete sich neben der Politbüroführung noch ein kleiner Kreis heraus – ich will das ganz grob sagen –, der immer mehr das Politbüro zur Staffage machte. Wie meine ich das? Rein formal könnte man nach Protokoll sagen, das haben wir ja alles beschlossen.

Und in Wirklichkeit?

Nehmen wir den ganzen Wirtschaftssektor. Wir haben zuviel »Ja« gesagt, ohne daß wir von Grund auf über die Dinge, die wir beschlossen, Bescheid wußten und informiert waren.

Wie soll ich das verstehen? Es waren doch gerade im ökonomischen Bereich stets Entscheidungen von großer Tragweite. Habt Ihr nichts dagegen getan, etwas beschließen zu müssen ohne genaue Sachkenntnis?

Wir haben uns dagegen gewehrt. Ja, das haben wir. Aber offensichtlich zu wenig. Aber nicht alle. Denn die, die zu dem Klüngel gehörten, das ist ein gewisser Mittag unter Duldung von Erich Honecker und verschiedener anderer. Dabei nehme ich auch keinen Schürer aus, denn der hätte uns die Wahrheit sagen müssen. Diese haben uns nur gesagt, was notwendig war, um den Beschluß zu bekommen. Wie oft habe ich mich darüber erregt, wenn ich Montagabend solche Papiere bekam, Unterlagen mit Hunderten von Seiten, Zahlen, worüber wir am nächsten Tag beschließen mußten.

Und es gab keinen Protest gegen diese zur Inkompetenz führende Praxis?

Doch, aber es wurde uns gesagt: »Was wollt ihr? Das ist in der Wirtschaftskommission beraten. Das ist mit den Wissenschaftlern beraten, mit allen zuständigen Kadern, und wir stehen ja dafür gerade.«

Wer sagte so etwas?

Mittag vor allem, aber Schürer …

Und in anderen Bereichen?

Das war nicht nur so auf dem ökonomischen Gebiet. Ich habe mir die erste Fragestunde in der Volkskammer noch direkt angehört, da war ich noch Abgeordneter der Volkskammer. Und ich habe mir die zweite vom 1. Dezember angehört. Und ich habe gestern gesehen, was im Zusammenhang mit der letzten ZK-Sitzung (das ZK und das Politbüro hatten ihren Rücktritt erklärt), auch was bei der Kundgebung gesagt wurde vor dem ZK, von Gysi. Ob man mir es nun glaubt oder nicht, aber es ist Fakt: Wir wußten doch nichts von der Rolle dieses Schalck. Für uns war Schalck – und so war es im Politbüro beschlossen – ein Staatssekretär des Außenhandelsministeriums, aber nicht einer, der solch ein selbständiges unumschränktes Machtorgan hatte. Für uns war klar, daß er mit Spezialaufgaben betraut war. Aber wir hatten nie darüber gesprochen, welche das waren. Ich weiß nicht, ob du das verstehst.

Um ehrlich zu sein, nein. Da ist das mächtigste Gremium des Landes, und es weiß im Grunde genommen nicht Bescheid darüber, was in unserem Lande an bedeutenden Dingen läuft. Da müssen doch Zweifel, Bedenken aufkommen…

Wir hatten zuviel Vertrauen. Man kann vielleicht auch sagen, es hatte sich eine Hörigkeit eingeschlichen, für die wir heute geradestehen müssen. Aber wenn du seit 1945 mit den verschiedensten Genossen durch dick und dünn gegangen bist, da kannst du dir gar nichts mehr anderes vorstellen, als daß es richtig ist. Da gibt es eben ein Vertrauensverhältnis.

Blindes Vertrauen, das auf einer bestimmten Stufe zu einer realen Gefahr für den Sozialismus wurde…, und die Genossen wurden ja auch nicht jünger.

Richtig, ich hatte meiner Frau versprochen – ich werde im nächsten Jahr achtzig – ich höre zum zwölften Parteitag auf. Ich brauche es nicht zu verheimlichen. Es fällt mir vieles schwerer als mit 50. Und da bat mich Erich Honecker: »Bleib!« Ich sagte: »Ich möchte trotzdem gehen.« Und da benutzte er eine Politbürositzung, die sich mit der Vorbereitung des Parteitages beschäftigte, und sagte: »Ich stelle jetzt den Antrag, den Beschluß zur Diskussion, wir bleiben als Kollektiv zusammen.« Was machst du als Parteipferd. Sieh, dort steht das Bild von Otto Buchwitz, ich kenne ihn seit 1923. Für uns war Parteidisziplin immer was Wichtiges, sozusagen ein bedeutender Teil unseres Ichs. Und nun dieser Scherbenhaufen.

Nun hattest du ja viele Jahre ein Amt inne, das nicht nur zu großer Parteidisziplin, sondern vor allem auch zu besonderer Wachsamkeit gegenüber Verstößen gegen das Statut unserer Partei verpflichtet. Als Vorsitzender der Zentralen Parteikontrollkommission ist man doch einer der wichtigsten Männer in der Partei.

Unsere Parteikontrollkommission hatte eine starke und eine schwache Seite. Die schwache habe ich auch nie verheimlicht. Wir waren keine isolierte Parteikontrollkommission, die außerhalb der Führung stand. Und wir waren auch keine Mischung zwischen Revisionskommission und Kontrollkommission. Das führte dazu, daß die Parteikontrollkommission nicht vom Parteitag gewählt wurde. Sie wurde auf dem Parteitag von der konstituierenden Sitzung des ZK berufen, als Organ des ZK. Und hier gibt es eine

Schallmauer. Was ist das für eine Schallmauer? Natürlich, wenn wir beim ZK die Kontrollkommission sind, unterstehen wir in erster Linie dem Generalsekretär. Und unsere Beschlüsse bereiten wir bloß vor. Aber sie wurden bestätigt durch das Sekretariat des ZK.

Wenn ich das so höre, entsteht bei mir der Eindruck, daß das Statut dem Generalsekretär nur insofern nützlich war, daß auch die Kontrollkommission voll seiner Macht untergeordnet war und er sie nach seinem Gutdünken gebrauchen – um nicht zu sagen mißbrauchen – konnte.

Unsere Berichte, unsere Erfahrungen gingen ein in die des Politbüros und des Sekretariats an das ZK. Und die Berichte trugen natürlich die Handschrift von Erich Honecker. Wir waren also ein Teil der Führung, deshalb gab es auf dem Parteitag niemals einen Bericht der Parteikontrollkommission. Es gibt einen Bericht der Revisionskommission, die unabhängig vom ZK ist. Aber der Bericht der Parteikontrollkommission ist Bestandteil des Gesamtberichtes.

Welche Rolle spielte nun der Generalsekretär, wenn es um – wie soll man sagen – schwierige Fälle ging, die von der Kontrollkommission aufgeworfen wurden?

Natürlich behielt sich der Generalsekretär vor, wenn es um ein Mitglied des ZK ging, selbst zu entscheiden, was für Schritte einzuleiten sind. Er entschied auch vorher, welches Gremium die Sache untersucht. In der Regel hat das dann die Kaderkommission des ZK untersucht. Das war die Praxis. Waren wir trotzdem nur Kopfnicker? Nein, das lehne ich ab. Ich muß das noch einmal sagen, auch die Kreisparteikontrollkommissionen und die Bezirksparteikontrollkommissionen waren Organe ihrer Parteiebenen. Ihre Beschlüsse hatten also die gleichen Wege wie auf der oberen Ebene. Und noch etwas, wir waren ja die Parteikontrollkommission der Partei, in der Wirtschaft hatten wir ja nichts zu sagen. Da war die ABI zuständig. Dann gab es die Kontrollorgane der einzelnen Ministerien.

So war die Sachlage, und die Zentrale Parteikontrollkommission hatte ganze zwölf Mann. Damit entschuldige ich nichts. Es gab auch Signale zum Ernst der Lage, und diesen sind wir auch nachgegangen.

Lassen sich dafür konkrete Beispiele nennen?

Nur zwei, mit denen ich heute noch nicht fertig geworden bin.

Das erste. Schon im vergangenen Jahr (1988) mehrten sich die Zeichen der Unzufriedenheit vieler Genossen mit der Politik ihrer Partei. Wir hatten eine erste Austrittswelle. Mit den Austritten hatten wir eigentlich nichts zu tun, sondern das war Sache der Parteiorgane. Also bei Dohlus lag die Sache, denn dort war die Mitgliederbewegung. Aber wir fühlten uns trotzdem mit dafür verantwortlich. Wenn Leute, die 20 und 30 Jahre oder noch länger in der Partei sind, wenn Genossen, mit denen du in Versammlungen manche Schlacht geschlagen hast, dann ihr Parteibuch auf den Tisch schmeißen, dann berührt mich das tief. In unserem Jahresbericht, den wir im Januar dem Sekretariat vorlegten, hatte ich auch eine Rubrik drin: Austritte aus der Partei. Ich machte auf diese ernste Angelegenheit aufmerksam. Ich sagte, daß das ungesund ist für die Partei. Daß hier wie ein Grippeerreger eine Krankheit grassiert. Hier müssen wir eingreifen. Und ich bekam eine lakonische Antwort vom Generalsekretär unserer Partei und von anderen. »Warum regst du dich denn darüber auf. Das ist doch eine Selbstreinigung der Partei. Ihr müßt nur aufpassen, daß nicht einige darunter sind, die dem Parteiausschluß zuvorkommen wollen.« So war das. Oder es wurde gesagt: »Miesmacher und Meckerer gehören nicht in die Partei. Da müßtet ihr eigentlich aufpassen und nicht fragen, warum die austreten.« Ich habe diese Frage aber immer wieder aufgeworfen. Ich habe mich auch energisch dagegen gewandt – und das liegt schriftlich vor –, mehrmals, daß Leute, die aus der Partei austreten, nicht nachträglich ausgeschlossen werden, weil das gegen das Statut ist. Der Austritt aus der Partei ist möglich nach dem Statut. Dafür hat man mich kritisiert. Oder ich nehme eine zweite Frage. Als die Ausreisewelle kam, da habe ich mich dagegen gewandt, daß das alles Verräter sind. Ich sagte: »So viele Verräter gibt es gar nicht. Genossen, das können gar keine sein, da sind welche drunter, die waren bis vor wenigen Monaten noch in verantwortlichen Posten.« Und dann kam der berühmte Satz: »Warum regst du dich denn so auf, wir weinen diesen Leuten keine Träne nach.«

Ein verhängnisvoller Satz, das haben auch wir in der Redaktion schmerzhaft zu spüren bekommen.

Es klingt vielleicht theatralisch, aber ich habe als alter Genosse fast geweint danach. Weil ich die Sache anders gesehen habe. Nun könnte man sagen: »Hinterher ist gut reden. Warum hast du das denn nicht im Politbüro gesagt?« Doch, das habe ich gesagt.

Aber hier geht es mir wie Egon Krenz, die Mehrheit sah das nicht so.

Aber es gab doch viele Genossen, die das gesehen haben, die wußten, da braut sich etwas zusammen.

Wir haben es im Politbüro auch gemerkt, aber es unterschiedlich bewertet. Aber wenn der eine oder der andere etwas Kritisches sagte, dann wurden schon die Schranken aufgebaut. Das war es doch.

Und diese verdammte Parteidisziplin, die zur Handlungsunfähigkeit trieb?

Parteidisziplin ist gut, wenn etwas anderes mit da ist: die Offenheit und die Wahrheit. Wir hatten eben nicht den Mut zu sagen, wir setzen uns mal zusammen. Wir haben mit den einzelnen gesprochen. Aber wir haben uns nie zusammengefunden und gesagt, wir werden mal als Gruppe von vier oder fünf Mann ein Dokument auf den Tisch legen und sagen, »das und das ist jetzt erforderlich«. Das hat dann nach dem 40. Jahrestag Egon Krenz versucht. Und später nochmal mit einem direkten Dokument, das er auf den Tisch legte. Aber ich hatte ja auch etwas erlebt wie Egon Krenz. Mich hat man auch am 16. August in Urlaub geschickt, bis zum 15. September. Das war im Januar festgelegt worden. Und trotz der kritischen Lage, wir mußten in Urlaub. Warum bist du gefahren? Hier ist wieder die Frage der Parteidisziplin.

Nun noch einmal die Frage: War die Parteikontrollkommission dann überhaupt handlungsfähig?

Wir waren nicht untätig. Wir haben Leute aus der Partei ausgeschlossen, wegen Unehrlichkeit, wegen Bereicherung. Aber bis zu einer bestimmten Grenze. An die anderen kamen wir ja gar nicht ran.

Das heißt, ab einer bestimmten Ebene waren die Leute tabu, gab es keine Chance, sie für Verfehlungen zur Verantwortung zu ziehen. – Wenden wir uns noch einer anderen Seite deines politischen Wirkens zu. Du hattest ja in der Volkskammer die Funktion des Fraktionsvorsitzenden. Diese Funktion hatte eigentlich wenig Bedeutung unter den damaligen Bedingungen in der Volkskammer.

Ich möchte mal ein wenig aus der Vergangenheit schöpfen. Wer in der Sozialdemokratie sich die Sporen verdient hat, der kennt auch was vom Parlamentarismus. Bis 1933 habe ich das gut kennengelernt. Und ich wußte, wie ernst gerade diese Seite in der Partei genommen wurde. In der Kommunistischen Partei hat der

Parlamentarismus eine weitaus geringere Rolle gespielt. Und eigentlich sind die Schlacken der Geringschätzung parlamentarischer Arbeit nie abgestreift worden. Ich gehöre dem Parlament schon seit der Zeit an, als wir noch provisorische Volkskammer waren. Wenn ich eine Aufgabe schlecht erfüllt habe, dann war es die als Präsidiumsmitglied der Volkskammer und Fraktionsvorsitzender, ganz einfach, weil diese Funktionen nicht gefragt waren. Sie mußten sein, der Form nach. Sitzungen unserer Fraktion wurden auf Beschluß nur Konsultationen, denn alle Politbüromitglieder und ZK-Mitglieder kannten ja vorher schon, was zu behandeln war. Warum willst du noch Fraktionssitzungen machen, wenn wir das doch schon alles behandelt haben? Du kannst ja Leute aus dem Politbüro und dem ZK unmöglich zweimal in der gleichen Sache zusammenholen. Also machst du für den Rest der SED-Abgeordneten, die nicht im ZK sind, eine Konsultation. Die war dann früh um 9 Uhr, wenn um 10 Uhr die Tagung begann. Und so war es dann auch mit den Debatten. Da sprach eben einer von der Fraktion. Das war festgelegt und ausgemacht. Und was war das? Im Grunde genommen waren das langweilige Versammlungen. Es gab oft Ansätze, etwas zu verändern, es blieb leider nur beim Wollen. Es war ja alles »unnütze Zeit«. Ich habe oft mit dem Sindermann gesprochen und gesagt, wir müssen uns mehr durchsetzen. Es blieb beim Anlauf.

Überall lagen also nur Fesseln, Fesseln, die hinderten, ordentliche Parteiarbeit zum Wohle des Volkes zu machen?

Das bringt mich auf eine andere Sache. Es gab zu viele schöngefärbte Berichte. Hier standen wir immer wieder in Konflikt. Die Wirtschaft berichtete ja, es war alles gut. Der Plan wird erfüllt, es werden soundsoviel Verpflichtungen übernommen zu Ehren des 40. Jahrestages usw. Monatlich liefen die Berichte, die Abrechnungen im Fernsehen, die kein Hund mehr angeguckt hat, weil mit den Zahlen sowieso niemand etwas anfangen konnte. Wir haben in der Parteikontrollkommission darüber gesprochen, daß das im Gegensatz ist zu dem, was es in den Läden gibt. Es ist bitter, jetzt vor dem Scherbenhaufen zu stehen.

Wenn man die täglichen Meldungen über die Auseinandersetzungen in unseren Reihen verfolgt, dieses quälende Zerfleischen vieler Genossen, die Ratlosigkeit in den Grundorganisationen und die Verbitterung, hat denn die Partei noch eine Chance?

Ich wollte, ich könnte sagen: ja. Aber nach meiner Meinung ist es heute schwerer für uns als nach 1945. Wir sind damals unter ganz anderen Voraussetzungen angetreten. Das Vertrauen, das mußt du dir tagtäglich erringen. Alles läßt sich konservieren, aber Vertrauen nicht. Und das ist sehr, sehr ernst angeschlagen. Wenn man sieht, was sich alles neu bildet: Organisationen, Parteien. Sich dagegen behaupten zu können, bedarf Vertrauen, und Vertrauen setzt Ehrlichkeit und Offenheit voraus.

Was soll ich dir jetzt sagen. Ich empfinde die Situation jetzt tragischer und schwerer für die Partei als 1933. Um das deutlich zu machen, was ich meine: 1933 hatten wir einen Gegner, wir konnten kämpfen. Aber heute, das Volk ist doch nicht unser Gegner. Und jetzt, nach 63 Jahren Parteiarbeit, so eine Bilanz seines politischen Lebens: Das ist grausam, das wünsche ich keinem!

2. Gespräch mit Erich Mückenberger und seiner Frau Hanna am 7. Dezember 1989 in Wandlitz, Haus 2

Zu Beginn unseres heutigen Gesprächs möchte ich auf eine Fernsehsendung vor zwei Tagen zu sprechen kommen, die mir sehr unangenehm aufgefallen ist. Was hältst du von der Gruselgeschichte, der Entführung Herbert Häbers in eine psychiatrische Klinik?

Erich Mückenberger: Also, was er dort im Fernsehen gesagt hat, war mir zu sehr Wildweststory. Ich kenne sehr genau Frau Professor Helga Wittbrodt und ihren Nachfolger, den Lothar Kant, die hätten sich für so etwas nicht hergegeben. Ich habe ja mit Herbert Häber damals gesprochen, sein eigentlicher Arzt war ja der Adelbert Müller von Herzberge. Und er sagte mir, damals, wenn ich mich richtig erinnere, die Ärzte hier können mich nicht so behandeln, wie es der Krankheitsstand erforderlich macht. Also, das ist eine Wildwestgeschichte.

Gut, lassen wir es dabei bewenden. Sicherlich wäre es notwendig, nachzuforschen, wo die Ursachen für den nervlich schlechten Zustand von Herbert Häber zu suchen wären. Viele der genannten Fakten müßten gründlich überprüft werden. – Ich wollte mich noch einmal der Entstehungsgeschichte von Wandlitz zuwenden. Du kamst ja erst später nach Berlin und warst nicht vom ersten Tage an dabei. Welche Erinnerungen hast du an die Entwicklung dieser Siedlung hier?

Erich Mückenberger: Als ich 1953 Sekretär für Landwirtschaft wurde und Kandidat des Politbüros, zogen wir zunächst nach Niederschönhausen. Damals war die Lage anders, ein paar Schritte bis nach Westberlin von der Grabbeallee. Nach dem 17. Juni 1953 machten dann Walter Ulbricht und Otto Schön, er war damals Sekretär im Büro des Politbüros, den Vorschlag, das Politbüro von der Grenze wegzunehmen und hier anzusiedeln. Es verzögerte sich dann noch eine Weile und wurde erst nach den Ereignissen in Ungarn ernsthaft in Angriff genommen. Ich weiß es nicht genau, aber 1960 war wohl hier der Einzug. Der Grund, so weit ich mich erinnern kann, war der 17. Juni, daß dieses Objekt hier gebaut wurde. Was mich betrifft, so bin ich erst im Mai 1971 hier eingezogen.

Freiwillig, oder gab es den Auftrag?

Erich Mückenberger: Nein, das hat man von mir verlangt. Das Politbüro wurde hier, ich will mal sagen, kaserniert. Das klingt ein bißchen hart, aber im Grunde genommen ist das so. Wir haben immer so mit ein wenig Bitterkeit gesagt, das ist unser Ghetto. Am meisten hat meine Frau darunter gelitten. Ich war ja nie da, manchmal wochenlang unterwegs, und sie war hier festgenagelt. Es wurde mit später gestattet, im Hause des ZK eine Einraumwohnung für sie zu nutzen. Ich glaube, das war die größte Freude für sie, der Raum in Berlin. Sie konnte sich hier mit jemandem treffen, sich unterhalten, einfach Kontakt zu Menschen haben. Davon hat sie viel Gebrauch gemacht. Eigentlich war man hier draußen nach der Arbeit völlig abgekapselt.

Entschuldige, Genosse Mückenberger, das ist für mich etwas so Abnormes, daß ein hoher Parteifunktionär, der seine Kraft nur aus der Nähe zu den Menschen schöpfen kann, sich so »abnabelt«, daß die Welt außerhalb des Zaunes mehr und mehr eine Fremde wird.

Erich Mückenberger: Ich hatte ja viele Stationen meiner politischen Arbeit. Überall war ich unter Menschen. Als ich dann von Frankfurt nach Berlin kam, wurde ich in dieses Haus eingewiesen.

Wie war denn das Verhältnis der Frauen hier untereinander?

Hanna Mückenberger: Ich würde sagen, innerhalb der Wohnparteiorganisation, das betraf alle Frauen, die nicht im Berufsleben waren, war es sehr kameradschaftlich. Wir haben jedes Jahr einmal eine Informationsreise gemacht, Betriebe besichtigt.

Kann man daraus schließen, daß das das einzige war an Gemeinsamkeit hier draußen?

Hanna Mückenberger: Über die Parteigruppe und den DFD-Vorstand hatte man schon Kontakt untereinander. Aber es war nicht so, daß man sich laufend besucht hat.

Erich Mückenberger: Überhaupt nicht.

Hanna Mückenberger: Aber es war schon Anteilnahme, wenn jemand krank war. Wenn man wußte, die oder die war im Krankenhaus, da gab es schon Besuche. Nur hatte es sich nicht immer schnell herumgesprochen, dazu liegen wir zu weit auseinander.

Wer gehörte denn zur Wohnparteiorganisation?

Hanna Mückenberger: Wir waren ja zusammen mit dem Außenring: Genossin Felfe, Genossin Tisch, Genossin Stoph, ich gehörte dazu, Genossin Sindermann, Genossin Kleiber, Genossin Dohlus, Genossin Krolikowski, Genossin Mielke und andere. Es hat ja doch gewechselt von Zeit zu Zeit. Und dann natürlich die Genossinnen draußen, die wechselten ja auch. Wir waren zwanzig Genossinnen etwa so in der Besatzung.

Und Margot Honecker, sie gehörte nicht zur Wohnparteiorganisation. Gab es zu ihr Kontakte?

Hanna Mückenberger: Nein, überhaupt nicht. Also ich habe nicht mit ihr gesprochen ..., ganz selten mal. Wir haben ja die Wochenenden meist hier in Wandlitz verbracht.

Erich Mückenberger: Sechzehn Jahre haben wir hier verbracht.

Hanna Mückenberger: Links, rechts war niemand. Immer war alles still. Die meisten waren außerhalb.

Erich Mückenberger: Meine Frau soll sagen, wenn sie anderer Meinung ist, aber es gab hier draußen kein Wohnkollektiv in der Form, daß man sich gegenseitig besuchte. Man nahm untereinander nicht groß Anteil am Privatleben des anderen, auch nicht an den Sorgen des anderen. Und an den Wochenenden saßen wir meistens ganz alleine auf der Strecke.

Hanna Mückenberger: Darf ich noch etwas sagen, ganz ehrlich. Es war ein Schock für uns, hierher zu ziehen. Wir waren zehn Jahre in Frankfurt. Wir haben dort ganz normal im Wohngebiet gewohnt, eine kleine Hausgemeinschaft von drei Häusern mit fünf Familien, und hatten ständigen Kontakt. Und in Erfurt, da wohnten wir in einem Mietshaus. Die Atmosphäre war überall einfach herzlich. Das kannten wir hier nicht.

Erich Mückenberger: Es war auch noch anders, als Walter Ulbricht noch lebte. Ich will ihn jetzt nicht durch eine verklärte Brille betrachten. Aber Walter Ulbricht, der nahm Anteil am Leben der Genossen. Er wollte auch wissen, wie es einem geht. Man konnte anrufen bei ihm, wenn man ein Problem hatte. Da sagte er: »Komm' doch rüber, und dann sprechen wir miteinander.« Oder zu Geburtstagen, da hat er sich immer etwas einfallen lassen. Es waren eben menschliche Beziehungen. Und das war dann mit einem Schlag abgeschnitten. Ich weiß nicht, wer der treibende Keil war, aber das gab es mit einemmal nicht mehr. Persönliche Gespräche wurden immer weniger. Auch was die Arbeit betraf. Ich weiß, ich war da nicht der einzige. Es hieß dann immer: »Wenn du irgend etwas hast, schreib es auf, und ich werde dir dann irgendwann meine Meinung zukommen lassen.« Das ist doch aber nicht das, was du brauchst für menschliche und politische Entscheidungen: Man muß sich austauschen.

Hanna Mückenberger: Ganz zufällig traf man sich mal beim Spaziergang hier im Wald. Aber ein Gespräch gab es da auch nicht.

Erich Mückenberger: Unter dieser Atmosphäre litt eben alles. Wir hatten ein Arbeitsverhältnis, aber was eigentlich sein müßte, eine Gemeinschaft, die sich sucht, die existierte nicht.

Wie kann man nur so leben ...?

Erich Mückenberger: Am Anfang hatten wir hier Besuche von Axen und von Werner Lamberz. Mit Lamberz gab es ein sehr enges Verhältnis. Wenn wir uns beim Spaziergang trafen, dann gingen wir nicht aneinander vorbei, sondern ein Stückchen gemeinsam.

Wir hatten ja, um noch ein anderes Problem aufzugreifen, vorhin kurz über Herbert Häber gesprochen. Mit ihm ist damals noch ein Genosse aus der Parteiführung ausgeschieden. Ich meine Konrad Naumann. Offiziell hieß es ja auch: aus gesundheitlichen Gründen. Wie war denn nun die Sachlage bei Konrad Naumann?

Erich Mückenberger: Auch hier möchte ich nur kurz antworten, da es besser ist, die Sache ruhen zu lassen. Aber Fakt ist, mit Konrad Naumann gab es im Politbüro mehrfach Auseinandersetzungen. Weniger aus politischen Gründen. Erspare mir bitte Einzelheiten. Aber es war sehr schlimm, daß so ein Mensch zur Parteiführung gehörte.

Und besonders schlimm scheint mir zu sein, daß die Parteiführung nicht den Mut aufbrachte, die wirklichen Gründe seiner Ablösung zu nennen. Konrad Naumann sorgte ja unter der Berliner Parteiorganisation ständig für Gesprächsstoff. Insofern war die Begründung seines Ausscheidens eine Lüge, die damals auch zur Unglaubwürdigkeit der Parteiführung beitrug. Es gehört zu den Perversitäten des stalinistischen Bildes von der Persönlichkeit, daß ein Parteifunktionär immer nur die edelsten und besten Eigenschaften eines Menschen verkörpern durfte und er, der Logik folgend, nur durch Krankheit oder Tod aus der Führung ausscheiden konnte.

Erich Mückenberger: Sicher war es, heute sind wir klüger, ein

Fehler, nicht offen zu sagen, daß er für die Parteiführung nicht tragbar war. Es ist ein schrecklicher Teufelskreis: Eine Lüge bringt die nächste hervor. Und das Schlimme daran ist, man gewöhnt sich daran und lebt mit solch einer verklausulierten Sprache. Was den Fall Konrad Naumann betrifft, so hatten wir jedenfalls so manche Auseinandersetzung mit ihm in der Zentralen Parteikontrollkommission. Was mir nicht gut bekommen ist, denn er rannte dann zum großen Chef und schmierte mich an. Und mir wurde dann gesagt: »Setze dich nicht mit ihm auseinander, wenn du Dinge hast, lege sie mir auf den Tisch. Wir werden es klären.« Aber die Situation spitzte sich zu. Wir erhielten damals immer mehr Eingaben. Es mußte eine Entscheidung gefällt werden.

Es gab noch eine andere Geschichte. Es war so, daß Konny, wir sagten immer nur Konny zu ihm, sich schon als Nachfolger sah und er auch eine Zeitlang als solcher von Walter Ulbricht angesehen wurde. Und als sich die Stimmen gegen ihn mehrten und er mehr und mehr in den Hintergrund gedrängt wurde, das konnte er nicht verkraften, da wurde er zum Ignoranten. Jedenfalls endete die Sache, daß er aus dem Politbüro und aus dem ZK rauskam.

Die Situation, die wir heute in unserer Partei vorfinden, hängt ja doch in starkem Maße mit der Person Erich Honeckers zusammen. Ist es möglich, ihn in knappen Worten zu charakterisieren? Ich könnte mir vorstellen, daß sich der alte Erich Honecker doch von dem jüngeren unterschied.

Erich Mückenberger: Ich möchte sagen, ich kenne Erich Honecker sehr genau. Wir sind am selben Tag Kandidaten des Politbüros geworden. Das war 1950 auf der Politbürositzung. Wir warteten beide draußen auf der Bank und wußten nicht, was da drinnen mit uns geschehen sollte. Erst dachten wir, wir haben etwas angestellt. Aber drinnen sagte man uns, daß wir zu Kandidaten des Politbüros gemacht wurden. Ich kenne auch sehr gut seine erste Frau, die Edith Baumann. Die war mit mir zusammen in Moskau auf der Parteischule. Erich Honecker war damals ein lebenslustiger, aufgeschlossener Mensch. Und, was ich damals, als er in der FDJ war, so hoch einschätzte, er konnte zuhören. Das ist eigentlich eine Kunst, die du als Genosse der Partei beherrschen mußt. Zuhören mußt du können. Und du mußt sprechen mit den Menschen, auf sie zugehen. Und das konnte er, zumindest solange, bis er noch nicht unmittelbar im Parteiapparat arbeitete. Aber nachdem er Generalsekretär geworden war, begann sich das Angenehme seiner Persönlichkeit immer mehr abzuschleifen. Na gut, jetzt hatte er die ganze Partei auf dem Buckel. Und das Merkwürdige war, er suchte sich seine Leute, mit denen er interne Sachen besprach. Er fing an zu differenzieren. Das hat insgesamt dem Kollektiv keinen Nutzen gebracht. Auch äußerlich gesehen, vielleicht sage ich jetzt etwas nun nicht gerade Wissenschaftliches: Ich hatte so das Gefühl, seine Gesichtszüge fingen an zu versteinern. Du hast keine Regung mehr gesehen. Und so, wie er nach außen versteinerte, so verschloß er sich auch innen, gegen jegliche Kritik. Du fandest bei ihm sofort Zustimmung, wenn du auf seiner Wellenlänge sprachst. Was ihm nicht in den Kram paßte, ließ er gern unter den Tisch fallen. Oder ... er wurde unsachlich. Das haben fast alle mehr oder weniger erdulden müssen. Eine seiner Methoden war: Er griff nie das Kollektiv als solches an, sondern immer nur den einzelnen. Und er zog sich auch immer mehr vom Kollektiv zurück.

Welche Gründe mag das gehabt haben?

Erich Mückenberger: Das mögen gesundheitliche Gründe gewesen sein, jedenfalls war das meine Überzeugung. Das kann auch mit der Fülle der Arbeit zu tun haben. Das kann aber auch so gewesen sein – und dazu neige ich immer mehr –, daß ihn einige in der »Hand hatten« und ihn nicht gerade günstig beeinflußten. Sie redeten ihm zum Munde, hofierten ihn, aber in Wirklichkeit benutzten sie ihn. Jedenfalls ist das eine menschliche Tragödie, was er erlebt. So hoch zu steigen und so tief zu fallen. Ich möchte sagen, wirkliche Freunde wird er wohl zuletzt nicht mehr viele gehabt haben. Ja, sicher die, die ihn stützten, weil sie ihn benötigten.

Es ist doch so, daß die Persönlichkeit eines Mannes auch mehr oder weniger stark von seiner Ehepartnerin mitgeprägt wird. Welchen Einfluß hatte denn, deiner Meinung nach, Margot Honecker auf ihren Mann?

Erich Mückenberger: Ich glaube, seine Margot hat da keine gute Rolle gespielt. Seine Margot war keine Vermittlerin. Ich glaube nicht, daß sie ihn zu Kontakten mit anderen inspiriert hat. Genügt das?

Auch hier die Frage nach dem unmittelbaren Anlaß für die Absetzung Erich Honeckers. Wie kam es zu diesem dramatischen Moment der SED-Geschichte?

Erich Mückenberger: Wir merkten doch, daß sich draußen was zusammenschob. Wir merkten doch, daß in der Partei etwas in Unordnung geraten war. Es wurde nicht allzu offen darüber gesprochen, weil er es nicht hören wollte. Aber wir waren doch überzeugt, daß auch wir um eine Umgestaltung – wie auch immer – nicht herumkommen. Uns bewegte die Massenflucht aus der DDR. Mitgliedsbücher wurden auf den Tisch geworfen. Es wurde davon gesprochen im Politbüro. Aber dann wurde gesagt: »Da sollen mal die zuständigen Abteilungen etwas ausarbeiten, dann werden wir uns damit beschäftigen.« Und dieser Zustand wurde von Tag zu Tag unhaltbarer. Schließlich war es dann Egon Krenz, der einen Beschluß auf den Tisch legte.

Noch mal zu der Zeit, als du – wenn man so will – oberster Wächter der Reinheit der Partei warst. Gab es da Fälle von Maßregelungen für Genossen, die weiter nichts verbrochen haben, als im Sinne des Parteistatuts zu wirken und aus heutiger Sicht zu Unrecht angeklagt wurden? Der Name Walter Janka ist inzwischen in aller Munde …

Erich Mückenberger: Wir haben, was Janka betrifft …, das kann ich auf meine Kappe nehmen. Also 1972 haben wir Janka wieder als Vollmitglied in die Partei aufgenommen. Nur in einer Sache sind wir damals nicht vorangekommen. Wir konnten seine durchgehende Mitgliedschaft nicht anerkennen, um die er kämpfte. Dafür gab es einen einfachen Grund. Er war ja rechtskräftig verurteilt worden, und solange das Urteil bestand, konntest du ihn nicht für die Zeit, wo er im Zuchthaus saß, als Parteimitglied führen. Es geht nicht. Wir als Zentrale Parteikontrollkommission sagten ihm: »Das Urteil muß weg, es muß kassiert werden.« Doch die haben es natürlich abgelehnt. Jetzt ist die Sache geregelt, weil das Urteil kassiert ist.

War Janka der einzige Fall?

Erich Mückenberger: Ich versuchte ja schon deutlich zu machen, für komplizierte Entscheidungen wurden andere Gremien herangezogen. Die Genossen, die wir zur Verantwortung zogen, wurden, meiner Meinung nach, zu Recht aus Partei- und Staatsämtern entfernt. Von Konrad Naumann haben wir schon gesprochen. Oder wenn ich daran denke, wir hatten an der Parteihochschule einen stellvertretenden Lehrstuhlleiter, den Mielke. Den haben wir in hohem Bogen aus der Partei rausgeschmissen. Aber weil er ein Säufer war, weil er sich als Sohn von Erich Mielke ausgab und sich als etwas Besonderes fühlte. (Harry Mielke wurde auf der 2. Sitzung der Zentralen Schiedskommission am 20. Januar 1990 rehabilitiert. Es wurde festgestellt, daß der Vorwurf des Alkoholismus nur als ein Vorwand benutzt wurde, um einen unbequemen Genossen kaltzustellen.) Es gibt auch einige Abteilungsleiter, die wir wegen Korruption aus dem Apparat herausgenommen haben.

Also ungerechtfertigte Entscheidungen gab es nicht in deiner Zeit als Vorsitzender der Kommission?

Erich Mückenberger: Wir haben uns die Arbeit nie leicht gemacht. Sicherlich würde ich heute verschiedene Dinge anders sehen. Nehmen wir die Sputnik-Geschichte. Wir haben die Leute nicht ausgeschlossen, weil sie das Sputnik-Verbot kritisierten, sondern weil sie in rüdester Weise unsere Parteiführung beschimpften.

Es zeigt sich aber heute, daß man gar nicht rüde genug sein konnte in dieser Sache, und wären mehr Genossen rüder gewesen, wäre das unserer Partei sicher besser bekommen.

Erich Mückenberger: Heute sehe ich das auch so. Vor allem haben wir aber Leute ausgeschlossen, die sich direkter krimineller Verfehlungen haben schuldig gemacht. Großmannssucht, Finanzmanipulation, Betrug und Schieberei, das waren so die Delikte, mit denen wir uns auseinanderzusetzen hatten. Das waren unsere Ausschlüsse. Ich denke da an solche Leute wie den 1. Kreissekretär von Salzungen oder den Kombinatsdirektor für Fertighäuser von Neustrelitz, ein Kombinatsdirektor eines Stahlwerkes war dabei. Aber wie gesagt, als Vorsitzender der Parteikontrollkommission unterstanden wir dem ZK und vor allem seinem Generalsekretär. Er hat also immer entschieden, wer sich einer Sache annimmt. Selbst Fälle, die wir an ihn herantrugen, da haben wir manchmal keine Antwort bekommen.

Ich möchte an den Sozialdemokraten Mückenberger noch eine Frage, die mich bewegt, stellen. Die Geschichte der Vereinigung, von uns nur kurz angerissen, war ja doch ein recht komplizierter und widersprüchlicher Prozeß, in dem Tausende ehrlicher Sozialdemokraten die Partei verließen. In der Folgezeit hatte man den Eindruck, daß das sozialdemokratische Element in der Partei mehr und mehr zurückgedrängt wurde. Ganz deutlich wurde es nach dem VIII. Parteitag, als Erich Honecker nur noch von den Kommunisten in der SED sprach. Schmerzte das nicht einen alten Sozialdemokraten?

Erich Mückenberger: Du weißt, ich war mit Leib und Seele für die Einheit. Und das halte ich auch heute noch aufrecht. Um darauf zu antworten, möchte ich doch etwas weiter ausholen. Ich glaube, es war eine große Sache, daß, als wir uns vereinigten, die Parität eingeführt wurde. Die Parität war uns damals so wichtig für die Stärkung der Partei. Aber bald ergab sich das Problem einer Dreiteilung der Partei. Das heißt, wir hatten den sozialdemokratischen, den kommunistischen Zweig und schließlich die dritte Linie, nämlich solche Genossen, die nach der Vereinigung zu uns kamen. Und dieser Anteil wuchs immer mehr. Immer mehr stellte sich die Frage, wollten wir eine Dreiteilung der Macht, oder geben wir die Parität auf. Nach 1949 wurde auch immer weniger gefragt, von welcher Seite wer zur SED kam. Aber unter den Kommunisten gab es natürlich große Widerstände, wenn ein sozialdemokratischer Genosse eine Funktion übernahm. Zum Beispiel als ich erster Landessekretär von Thüringen wurde. In Weimar hatten wir einen ersten Kreissekretär, der wurde mit drei »r« geschrieben, so revolutionär war der. Und der wollte durchaus keinen ersten Landessekretär, der aus der Sozialdemokratie kommt. Er hat ignoriert und intrigiert, noch und noch. Da ist der Matern gekommen und hat ihn in hohem Bogen aus der Partei rausgeschmissen. Er sagte, wir sind vereinigt und bleiben vereinigt, und wer gegen die Einheit ist, der fliegt aus der Partei. Das hat er gemacht. Der Jenaer war ein alter Antifaschist, hat im Zuchthaus gekämpft, aber er schadete der Partei, der Einheit. Oder, ich erinnere mich, wir hatten den Heilmann, der bei uns Kultur machte und später dann Chefredakteur der Freien Welt wurde. Der war bei uns für Agitation und Propaganda zuständig. Der kam zu mir ins Zimmer und sagte: »Daß du unser Sekretär bist, akzeptiere ich überhaupt nicht. Wenn jemand auf diesem Stuhl zu sitzen hat, dann bin ich es. Ich bin der alte Kommunist, und du mußt erst mal beweisen, was du kannst.« Da habe ich mit dem Walter Ulbricht darüber gesprochen: »Walter«, sagte ich, »ich will nicht, daß ihr was gegen den Mann macht, aber ihr müßt ihm die Rübe lausen. Und das möchte nicht ich machen.« Da haben sie ihn weggenommen und zum Chefredakteur der Freien Welt gemacht. Ich will damit sagen, wie das damals war. Viele Genossen der Sozialdemokratie gingen, als die Partei aufgelöst wurde, zum Teil aus dem Parteiapparat raus oder wurden hinausgedrängt. Einige übernahmen Staatsfunktionen, weil sie mit parlamentarischer Arbeit besser vertraut waren. Ich denke da an Fritze Ebert. Er wurde Oberbürgermeister von Berlin und stellvertretender Volkskammerpräsident. Doch eines wurde ja deutlich: Das sozialdemokratische Element in der Partei wurde immer weiter zurückgedrängt. Und zwar in dem Maße, wie junge Leute zur Partei stießen, die weder der einen noch der anderen Seite angehörten.

Und dann hieß es, konkret nach dem Amtsantritt von Erich Honecker, daß alle Kommunisten seien. Warum mußten nun alle Kommunisten sein? War es nicht ein sehr leichtfertiger Umgang mit dem Wort Kommunist?

Erich Mückenberger: Natürlich war das Blödsinn, eine solche Linie. Auf einmal fing man davon zu sprechen an, und die Partei hat das akzeptiert. Ich sehe es auch ein. Wir hätten es gar nicht notwendig gehabt, von Kommunisten zu sprechen. Ist es denn so etwas Schlechtes, Sozialist zu sein? Wir sind ja schließlich nicht im Zeitalter des Aufbaus des Kommunismus. Aber wie das so ist. Manchmal ist man klüger, wenn man aus dem Rathaus kommt, und Sozialist zu sein hätte uns gut zu Gesicht gestanden. Ich meine jetzt nicht nur formal den Begriff. Es wäre für unsere Partei nützlich und hilfreich gewesen, hätten wir beide Traditionslinien der Partei in gleichem Maße gepflegt. Eine künftige Partei wird das wohl wiederentdecken müssen.

Das Ende einer Parteiführung

Es ist 1.58 Uhr, Sonntag, den 21. Januar 1990. Der Vorsitzende Günther Wieland gibt die Entscheidung der Zentralen Schiedskommission der SED-PDS bekannt: »Mit dem heutigen Tage ist deine Mitgliedschaft in der Partei beendet.«

Egon Krenz erhebt sich. Er kann es noch nicht fassen. Das Votum gegen ihn wird er nicht hinnehmen. Er werde auch weiterhin um seine Mitgliedschaft kämpfen und sich nun eben an die Presse wenden. Es war nicht recht, sagt er, ihn in eine Reihe zu stellen mit Honecker und Mittag. Er sei es schließlich gewesen, der den Sturz der alten Führung herbeigeführt habe.

Um 2.03 Uhr ist der letzte Generalsekretär der SED entlassen. Zum Abschluß wird Gerhard Schürer vorgeladen, der ehemalige Vorsitzende der Staatlichen Plankommission, Gegenspieler von Günter Mittag und in wichtigen wirtschaftspolitischen Fragen zunehmend auf Distanz zu ihm gehend. Aus den Unterlagen wird deutlich, daß er mehrfach auf den Ernst der Lage aufmerksam gemacht und entsprechende Gegenkonzeptionen entwickelt hat. Diese Konzeptionen blieben bei Günter Mittag hängen und gelangten nicht ins Politbüro. Zu einem Aufstand gegen Fehlentscheidungen war Gerhard Schürer aber nicht fähig. Der ehemalige Chef-Planer der DDR bekennt sich in vollem Umfang zu seiner Verantwortung. Der Beschluß über die Beendigung seiner Parteimitgliedschaft ist einstimmig.

Damit endet nach siebzehn Stunden eine dramatische Veranstaltung, in der sich die ehemals regierende Partei von ihrer einstigen Führung trennte. Ausgenommen sind nur jene, denen zu diesem Zeitpunkt das Mitgliedsbuch bereits entzogen ist, die sich in Untersuchungshaft befinden oder aus gesundheitlichen Gründen nicht vorgeladen werden können. Und so sind außer Erich Honecker, Willi Stoph, Horst Sindermann, Hermann Axen, Günter Mittag, Erich Mielke, Harry Tisch, Günther Kleiber und Hans-Joachim Böhme alle Vertreter des einstigen Machtzentrums der DDR erschienen: Margarete Müller, Werner Walde, Joachim Herrmann, Siegfried Lorenz, Kurt Hager, Horst Dohlus, Alfred Neumann, Günter Schabowski, Heinz Keßler, Erich Mückenberger, Werner Jarowinsky, Inge Lange, Gerhard Schürer und Egon Krenz.

Jahrzehntelang stand ein solcher Namensreigen nur in Verbindung mit hohen und allerhöchsten Partei- und Staatsangelegenheiten. Nun ist dies die sachliche Namensliste für das Ehrengericht der Partei.

Die Kommission hatte sich dafür entschieden, die vierzehn Geladenen nicht schlechthin nach ihrer Gesamtverantwortung für die Niederlage der Partei und die Krise im Land zu bewerten, sondern jeden einzeln zu befragen und über jeden einzeln abzustimmen. So soll der persönliche Anteil an der politischen Schuld sichtbar und eine gerechte Entscheidung getroffen werden. Jeder hat doch in unterschiedlicher Weise dazu beigetragen, daß die Idee des Sozialismus für Generationen befleckt, der Staat und die Partei an den Rand des Ruins gebracht wurden.

Das Politbüro hatte bis zu den Oktobertagen über nahezu unumschränkte Macht verfügt, eine Macht, die die Parteimitglieder, das Volk in seiner überwiegenden Mehrheit ge- und ertragen haben. Bei allen Unfreundlichkeiten des Lebens hier in der DDR, konnte man doch damit auskommen und sich ein Plätzchen suchen, sich mit dem Wissen trösten, daß es anderen zwischen Warschau und Moskau ja noch viel schlechter geht. Die Parteiführer aber waren hoch über den Menschen »schwebende« Persönlichkeiten. Der Habitus, das Umfeld, die Staffage machten sie zu Allmächtigen in diesem Land.

Nun müssen sie zu ihrer Verantwortung stehen. Als Beobachter dieser Sitzung baut sich bei mir eine gewaltige innere Barriere auf, die es gilt zu überwinden. Man ist bei weitem noch nicht frei von den alten Hörigkeitsbeziehungen. Wie schwer fällt es dem, der sich aus voller Überzeugung der Partei verschrieben hatte, zu verkraften, nicht mehr von einem »hochverehrten Generalsekretär Erich Honecker« oder – etwas vertrauter – von »unserem Genossen Erich« zu sprechen, sondern plötzlich nur noch »Herr Honecker« zu sagen. Der Schritt von »Herr Honecker« zum »Honecker-Machtapparat« oder der »Clique um Honecker und Mittag« fällt dann nicht mehr ganz so schwer. Im Verlauf des Tages und Abends bricht immer wieder die ganze Tragik auf, die damit für jeden einzelnen verbunden ist. Die Lebensgeschichten sind durchweg seit frühester Jugend von der Partei geprägt, hinter den Alten liegen schwere kampferfüllte Jahre, Zuchthaus, KZ oder Emigration. Und doch haben sie letztlich entsetzlich versagt, haben die große Hoffnung von Millionen in der DDR und von Hunderten Millionen in der Welt zugrunde gerichtet. Ihr Leben – das steht außer Zweifel – war die Partei, und nun muß diese Lebensader – soll die Erneuerung auch nur eine geringe Chance haben – abgeschnitten werden.

Margarete Müller, vielen eigentlich unbekannt, eine der »ewigen Kandidaten« des Politbüros, ist die erste an diesem Tag. Das Erschreckende, das bei der Befragung zutage tritt: die maßlose Inkompetenz für solch eine hohe Parteifunktion. Margarete Müller hatte sich völlig der Entscheidungsgewalt anderer ergeben. Sie stimmte mit ab über das Schicksal dieses Landes, ohne auch nur annähernd die Tragweite ihrer Entscheidung in Ansätzen ermessen zu können. Auch in der Landwirtschaft nicht, wo sie ihre Erfahrungen als LPG-Vorsitzende hätte in die Waagschale werfen können. Doch es gab auch gravierende Fehlentscheidungen in den Strukturen unserer Landwirtschaft. Margarete Müller meldete wohl hin und wieder Bedenken an, machte Einwände, doch diese wurden von den Großen im Politbüro negiert, Anfragen beiseite geschoben. Ihre Gegenwehr war schwach. Zu schwach, um jemals ernst genommen zu werden. Margarete Müller erklärte selbst dazu: *»Ich muß sagen, daß ich auf Grund der straffen Parteidisziplin, die uns allen anerzogen war, mich nicht getraut habe, etwas Eigenständiges zu unternehmen, um Veränderungen herbeizuführen.«*

Die verdienstvolle Genossenschaftsbäuerin, das wird deutlich, war im Politbüro nur Füllmasse. Betroffen über so viel Hilflosigkeit stimmen alle für ihren Ausschluß.

Werner Walde, der Cottbusser Erste, seit 1946 in der Partei, ist der nächste. Er gehörte nicht zu jenen, die die sprudelnden Quellen des Besitzes bedenkenlos nutzten. Zumindest kannte er die Stimmungen, wußte um die Sorgen und Nöte der Leute. Die schweren ökologischen Schäden des Braunkohlen- und Kraftwerksbezirkes dürften ihm nicht entgangen sein. Doch Umweltfragen, so ist zu erfahren, haben weder im Politbüro noch im Zentralkomitee jemals ernsthaft eine Rolle gespielt. Während in allen hochentwikkelten Ländern ökologische Konzepte seit Jahren in die Staatspolitik einfließen, wurden im einst mächtigsten Führungsgremium der DDR diese Fragen schlicht und einfach ignoriert. Mit Fassungslosigkeit registrierten die Kommissionsmitglieder solche Geständnisse. Für sie ist es wichtig zu erfahren, wie die Berichte der Basis in den Schreiben Werner Waldes an die oberste Führung Eingang fanden. Die Informationen, so wird jedoch deutlich, waren nicht nur kräftig geschönt weitergegeben worden, es wurden auch von Erich Honecker nur solche Berichte angenommen, die seinem Sozialismus-Bild entsprachen.

Dann kommt Joachim Herrmann, der im Politbüro die Medien in seinem Griff hatte. Tage zuvor mußte er vor dem zeitweiligen Volkskammer-Ausschuß zur Untersuchung von Korruption und Amtsmißbrauch aussagen. Sein Wirken, das wurde nachgewiesen, stellte den Bruch der Verfassung der DDR dar, die das freie Wort der Presse garantiert. Der einstige ND-Chefredakteur und spätere »Westmann« im Politbüro hatte den Medien keinerlei Freiräume gestattet, alle kritischen Gedanken bedenkenlos unterdrückt, Überlegungen wirksamer Pressearbeit ignoriert. Ausnahmslos für alle Medien, die Zeitungen der anderen Parteien hatten kleine Freiräume, galt das Wort Erich Honeckers und seines treuen Vasallen Joachim Herrmann. Um dieses uneingeschränkte Machtmonopol durchzusetzen, schuf sich die Parteiführung als verlängerten Arm eine »Agitationskommission«, die das Mediendiktat der Führung schonungslos durchsetzte.

Aus heutiger Perspektive unfaßbar, welche geistigen Verrenkungen unternommen wurden, um Unbegründbares zu begründen. Und gerade die Partei, die die materialistische Dialektik auf ihre Fahnen geschrieben hatte, die die Zusammenhänge und vielfältigen Wechselbeziehungen erkennen und erklären wollte, kapitulierte vor immer primitiver werdenden Gedankengängen, durch die man in der Agitationsküche kroch.

Die Honecker-Herrmannsche Positiv-Konzeption war ein Musterbeispiel dieser unheilvollen Informationspolitik. Man lasse sich einmal die Gedankenakrobatik auf der Zunge zergehen: Kritik in der Presse ja, aber wir kritisieren mit dem positiven Beispiel! Einem Uneingeweihten muß diese Konstruktion erst erklärt werden, an der ganze Journalistenheere in unermüdlicher Kleinarbeit tagtäglich bastelten, bastelten wider Willen und gegen ihre Überzeugung, zumindest in der überwiegenden Mehrzahl. – Indem wir ein gutes Beispiel publizieren, so die Argumentation, kritisieren wir die anderen, die weniger gut sind. Alle auf diese Weise Kritisierten sollen dann reuevoll gestehen: Wir sind die Schlechteren und werden uns, durch das gute Beispiel angespornt, bessern und zu Höchstleistungen emporschwingen.

Aus der Agitationskommission Herrmanns kamen all diese Weisungen, die unsere Medienlandschaft in eine öde Wüste verwandelten, in der die Blätter sich glichen in Aussage und Form, ein synthetischer Wald. Die Parteipresse, voran das ND, war auch gar nicht dafür konzipiert, daß sie die Leser erreicht, wenn sie nur *den* Leser erreichte. Und *der* Leser hatte ein waches Auge für *seine* Zeitung und *sein* Fernsehen beispielsweise.

Beim »Neuen Deutschland«, eigentlich war es Organ des ganzen Zentralkomitees der SED, legte Erich Honecker kräftig selbst mit Hand an. Die Gestaltung der ersten Seite, bestimmte Beiträge und Überschriften gingen durch *seine* Finger, wurden von *ihm* in Augenschein genommen und korrigiert. Ein aus dem Politbüro kommendes Material, »weißes Papier« genannt, war ein unantastbares Heiligtum und mußte unverändert veröffentlicht werden, auch wenn zuweilen Stil und Grammatik nicht ganz der deutschen Sprache entlehnt schienen. Rückfragen waren selten möglich. So kontrollierte Erich Honecker, um nur ein Beispiel zu nennen, den am 27. August 1988 erschienenen Beitrag zur Aufnahme der Produktion des neuen »Wartburg«, er suchte die Bilder aus, er legte die Schlagzeile fest ... Mit solchen Dingen befaßte sich der erste Mann des Staates und Generalsekretär der größten Partei der Welt (bezogen auf die Einwohnerzahl). Und Joachim Herrmann war der ihm in allem willfährige Assistent.

Umständlich und langatmig erläutert er Verantwortlichkeiten, Über- und Unterstellungsverhältnisse. Wie schon vor dem Volkskammer-Ausschuß, versucht Joachim Herrmann auch hier, der Kommission weiszumachen, man hätte mit ihm, dem Medienverantwortlichen – er verhandelte sowieso nur mit Chefredakteuren –, »freundschaftlich« und »kooperativ« zusammengearbeitet. Doch alle, die mit ihm und seinen Untergebenen zu tun hatten, wissen es besser. Für ihn gab es nur Befehle, in klassenkämpferische Worte verpackt. Jeder Widerspruch wurde zurückgewiesen.

Die Anhörung läßt die Gemüter in Wallung geraten. Auf klare präzise Anfragen erfolgen Erklärungen wie diese: *»Nein, ich habe nicht bewußt gelogen, ja, es muß ja so herauskommen. Ich will nur noch mal folgendes sagen. Dagegen stand …, ich kann nur das sagen …, ich habe gesagt, ich bedaure zutiefst, daß ich nicht den Schritt getan habe, aus diesem Wissen heraus, in der Führung die Fragen so aufzuwerfen. Das ist meine persönliche Schuld. Die zweite Frage ist, und das habe ich auch versucht, in dieser Stellungnahme zum Ausdruck zu bringen, daß daneben stand die Frage, wenn wir in den Massenmedien von der Erfolgspropaganda – ich nenne diesen Begriff hier mal, weil, es war ein stehender Begriff –, wenn wir davon abgehen und dem Gegner Raum geben … Ich muß das jetzt so zitieren, wie das jetzt, heute, nicht wahr, eh, eh, eh, eh, eigenartig klingt …«*

Zwischenruf: »Du darfst die Begriffe von damals ruhig verwenden.« *»Erfolgspropaganda, dann, eh, die Frage, den Anfängen wehren. Ich möchte auf diese Sache hinweisen. Grade nach den Ereignissen in Ungarn und in Polen stand die Frage, den Anfängen wehren und nicht irgendwelche Dinger Raum geben, die der Gegner, die der politische Gegner ausspielen kann. Zwischen diesen beiden Polen liegt der große Widerspruch, in dem ich gelebt und gearbeitet habe. Und ich kann nur sagen, daß das keine bewußte Handlung war, obwohl sie als solche erscheinen muß, weil sie so gewirkt hat. Die Auswirkungen und die Folgen waren so, ich habe deshalb auch von schwerwiegenden negativen Folgen dieser meiner eigenen Arbeit für die Partei und für die DDR gesprochen.«*

Einundvierzig Minuten lang müssen sich die Mitglieder der Schiedskommission solche Erklärungen anhören. Dann erfolgt der Beschluß über die Beendigung der Parteimitgliedschaft. Joachim Herrmann hat, so wird festgestellt, die Lage in der DDR beurteilt und Anweisungen gegeben, ohne diese Lage überhaupt zu kennen. Er hat keine persönlichen Schlußfolgerungen aus den Entwicklungen in anderen Ländern und Parteien gezogen. Der Ausschluß erfolgt, weil Joachim Herrmann das Parteistatut elementar verletzt hat, weil er das ideologische Schwert der Partei, die Parteipresse, stumpf gemacht hat, und weil er letztlich die Mitgliedsbeiträge dazu mißbrauchte, um in den Medien einen Nebelschleier um die Wirklichkeit zu legen.

Am Rande sei dies bemerkt: Gleich am Anfang seiner Anhörung wird die Frage aufgeworfen, warum Joachim Herrmann, der ja mit Honecker und Mittag am 18. Oktober 1989 aus der Parteiführung entfernt wurde, eigentlich noch zu diesem Zeitpunkt der Partei angehört. Die Antwort lautet schlicht und einfach: Sein Name war im Trubel der Ereignisse untergegangen. So erfolgt der Ausschluß erst an diesem 20. Januar 1990.

Der vierte, der vor der Schiedskommission zu erscheinen hat, ist Siegfried Lorenz, einst 1. Sekretär der SED-Bezirksleitung Karl-Marx-Stadt. Nach Joachim Herrmann befragt zu werden, bringt ihm einen psychologischen Vorteil, denn schlimmer konnte es ja nicht mehr kommen.

Siegfried Lorenz, so wird deutlich, wollte Veränderungen im Lande. Als einer der jüngsten im Politbüro und aus einem Industriebezirk kommend, hatte er die Fäden zur Basis noch nicht verloren. Doch ist auch seine politische Schuld an der Entwicklung und Deformation der Partei unbestritten. Siegfried Lorenz bekennt sich in vollem Umfang zu dieser Verantwortung. Das Sekretariat der Bezirksleitung hatte in den monatlichen Berichten an den Generalsekretär auf die Probleme des Landes aufmerksam gemacht, und die Aussagen wurden in den zurückliegenden Monaten immer kritischer. Doch die mahnenden Töne fanden in dem Gremium, dem Siegfried Lorenz selbst angehörte, kein Echo. Mehrfach hatte der Karl-Marx-Städter auf die Ausreisewelle in seinem Bezirk hingewiesen. Dieses Problem wurde aber insgesamt nicht im Politbüro behandelt. Auch Siegfried Lorenz war letztlich nicht energisch genug aufgetreten. So beeinflußte seine Gegenwehr nicht die Entscheidungen des Machtzentrums.

Siegfried Lorenz, so wird bekannt, spielte nach 1985, als die Parteiführung auf Distanz zur Entwicklung in der Sowjetunion ging, mit der Überlegung, aus der Parteiführung auszutreten. Doch er verwarf den Gedanken, weil er meinte, dieser spektakuläre Akt hätte nur dazu geführt, daß er von einem zum anderen Tag von der Bildfläche verschwunden wäre, ähnlich wie Konrad Naumann oder Herbert Häber, von denen die Einzelheiten ihrer Entmachtung bis zum heutigen Tag im Dunkeln blieben.

Ein Beispiel für die Inkompetenz des Politbüros wird auch hier geliefert: Während unser Land dem wirtschaftlichen Niedergang entgegensteuerte, wurde in diesem Gremium die Frage debattiert, wie die Zwiebeleigenversorgung im Bezirk Karl-Marx-Stadt zu erreichen sei.

Die Schiedskommission trifft dann, nachdem alle Umstände abgewogen sind und sich in einer kontroversen Diskussion zwei entgegengesetzte Standpunkte herausgebildet haben, die Entscheidung, die Parteimitgliedschaft von Siegfried Lorenz nicht aufzuheben.

Der fünfte ist Kurt Hager. Er gehört zu den ältesten und langjährigsten Mitgliedern im einstigen Politbüro. Er bestimmte über Jahrzehnte die Entwicklungsrichtungen der Ideologie. Ihm unterstanden die Gesellschaftswissenschaften, Kunst und Kultur. Entsprechende Entscheidungen unter Ulbricht und Honecker wurden in starkem Maße von seiner Person geprägt. Repressalien gegen Künstler und Kulturschaffende, Verbote von Kunstwerken und Büchern, die destruktive Rolle der Gesellschaftswissenschaften, weiße Flecken in der Geschichtsschreibung ..., also die Wissenschafts- und Intellektuellenfeindlichkeit der Parteiführung hatte er mit auf seinem Konto.

Im Politbüro, erklärt Kurt Hager, gab es keine grundsätzlichen Diskussionen zu theoretischen Grundfragen der Zeit. Dafür fehlte das Verständnis. Das Gremium befaßte sich mit rein pragmatischen Dingen. Kurt Hager erläutert, daß zahlreiche Gesellschaftswissenschaftler umfangreiche wissenschaftliche Materialien zu verschiedenen Bereichen erarbeitet hatten, die aber im Politbüro gänzlich unbeachtet blieben. Das Politbüro war unfähig, strategisch wichtige Entscheidungen auf der Grundlage der von den Wissenschaftlern erarbeiteten Konzeptionen zu treffen. Und Kurt Hager hat diese Inkompetenz des Politbüros geduldet, ja, auf seine Weise sogar gefördert.

»Ich war nur einer von vielen auf diesem Gebiet«, läßt er die Schiedskommission wissen. Nach seinen Worten war nicht vorauszusehen, daß die Partei und die Gesellschaft in eine so tiefe Krise geraten würden. Wie weit, muß sich Kurt Hager fragen lassen, hatte sich die Führung vom Volke entfernt, wenn sie dessen Sorgen und Probleme einfach nicht mehr wahrnahm? Wie kann man ein Land führen, wenn man unfähig ist, die sich vollziehen-

den Prozesse richtig zu erfassen und die erforderlichen Schlußfolgerungen zu ziehen?

Kurt Hager muß sich auch anhören, daß die Entscheidung, die Gattin des mächtigsten Mannes des Staates zum Minister für Volksbildung zu machen, ein sehr ernster politischer Fehler gewesen sei, der in starkem Maße zur Deformation des Bildungswesens beitrug.

Er versucht, mit überaus langatmigen Exkursen in die Geschichte den konkreten Fragen auszuweichen. Er ist nicht in der Lage, das ganze Ausmaß seiner persönlichen Verantwortung zu erfassen. Jeder Antwortversuch gerät zum Referat.

Kunst und Kultur waren zu jeder Zeit auch sensible Vorboten gesellschaftlicher Veränderungen. Die Deutlichkeit, mit der gerade hier Widersprüche zutage traten, hätte vor allem Kurt Hager ein Signal geben, ihn zu energischem Handeln zwingen müssen. Er ist eine Belastung für die Partei, und er bittet von sich aus darum, ausgeschlossen zu werden. Dem wird einstimmig entsprochen.

Vor die Schiedskommission ist Alfred Neumann geladen, viele Jahre erster stellvertretender Ministerpräsident unseres Landes und schon zu Zeiten von Otto Grotewohl und Wilhelm Pieck ins Politbüro aufgenommen. In der Arbeitsweise der damaligen Parteiführung und jener unter Erich Honecker sieht Alfred Neumann gravierende Unterschiede. Alle auftretenden Fragen wurden früher ausführlich und auch kontrovers diskutiert. Das war Prinzip. Schon die Zusammensetzung dieses Führungsgremiums hätte ein anderes Herangehen gar nicht zugelassen. Weder Fred Oelssner noch Heinrich Rau hätten sich dafür hergegeben, nur als Ja-Stimmer im Politbüro zu fungieren. Auch Bruno Leuschner als damaliger Vorsitzender der Staatlichen Plankommission wäre nicht bereit gewesen, Entscheidungen, die nicht seiner Überzeugung entsprachen, mitzutragen. Walter Ulbricht war nach den Worten von Alfred Neumann ein grantiger und kantiger Parteifunktionär, aber man konnte mit ihm diskutieren. Mit Honecker konnte man nicht streiten. Vom ersten Tage an, als er Generalsekretär wurde, gab es keine Möglichkeit zur Diskussion. In Wandlitz lebten sie als Hausnachbarn. In den ganzen dreißig Jahren war Alfred Neumann ein einziges Mal im Nebenhaus, um mit dem Nachbarn zu sprechen. Honecker, sagt Neumann, hätte nie den Weg zum anderen gefunden. Zwischen Neumann und Honecker gab es grundsätzliche Meinungsverschiedenheiten. Es ging darum, wie Erich Honecker die Partei übernommen hatte. Honecker habe Unterschriftensammlungen durchgeführt, um einen Machtwechsel herbeizuführen. Alfred Neumann habe daran nicht teilgenommen, das heißt, er billigte dieses Vorgehen nicht. Daraus ergaben sich für die weitere Zusammenarbeit entscheidende Konsequenzen. Honecker habe ihn dann in seiner Kompetenz eingeschränkt, so daß er als Fachmann für Wirtschaftsfragen keinen Einfluß mehr auf Entscheidungen im Politbüro hatte.

Für Alfred Neumann liefen die wirtschaftlichen Entwicklungen der DDR schon seit 1973/1974 in eine falsche Richtung. Das provoziert natürlich die Frage, warum er so lange im Politbüro verblieben war, obwohl er schon damals in Widerspruch zur praktizierten Wirtschaftspolitik geriet. Nach seinen Worten war das einerseits ein Zugeständnis Erich Honeckers an Walter Ulbricht, und andererseits blieb Alfred Neumann im Politbüro, um schlimmere Folgen von Fehlentwicklungen abwenden zu können. So habe er beispielsweise beantragt, daß jedem Politbüromitglied monatlich die Höhe der Verschuldung des Landes bekanntgemacht werde.

1979 soll es eine offene Aussprache zwischen Honecker und Neumann gegeben haben, die aber zu keinerlei Veränderungen im Verhältnis beider zueinander geführt habe. Alfred Neumann änderte in den Jahren seine Taktik, um seinem Protest Ausdruck zu verleihen. Hatte er in der ersten Zeit im Politbüro mündlich seinen Standpunkt vertreten, verlegte er sich später auf schriftliche Eingaben an Erich Honecker und Willi Stoph. Er bat um Rücksprachen, doch die hat es – bis auf die 79er Ausnahme – nie gegeben. 1986 schickte er ein beschwörendes Schreiben an Günter Mittag: So darf es nicht weitergehen mit der Wirtschaft, das führt die DDR in den Abgrund. Doch auch dieses Papier bewirkte nichts, und Alfred Neumann bewahrte in verhängnisvoller Weise Parteidisziplin. In den Oktobertagen des vergangenen Jahres, als im Politbüro die von Egon Krenz vorgelegte Erklärung diskutiert wurde, sprach sich Alfred Neumann energisch für die Ablösung von Günter Mittag aus, der ja zu dieser Zeit die Partei führte.

Die Mitglieder der Schiedskommission entscheiden sich nicht leichten Herzens für den Ausschluß von Alfred Neumann. Trotz seiner Widerstände hatte er doch die Politik der Parteiführung mitgetragen. Er vermochte es nicht, andere Entscheidungen herbeizuführen. Nach 60 Jahren Parteimitgliedschaft ist das ein bitterer Augenblick im Leben des 79jährigen. Mit achtzig wollte Alfred Neumann aus der Parteiführung endgültig ausscheiden, die Ereignisse im Lande beschleunigten das.

Als siebenter vor der Schiedskommission: Horst Dohlus. Er war die graue Eminenz im Parteiapparat, stand der Abteilung Parteiorgane vor. Die Partei im Sinne des Statuts zu formen war sein oberster Auftrag. Doch sein tägliches Wirken bedeutete in der Praxis permanente Verletzung des Statuts.

Nicht Kritik und Selbstkritik waren jene Tugenden, die Horst Dohlus förderte, sondern bedingungslose Unterdrückung jeglicher Kritik. Er erzog die Parteifunktionäre zu tiefer Kritikfeindlichkeit. Mißtrauen und Ängste gediehen unter seiner Führung. Seiner Tätigkeit war es an maßgeblicher Stelle mitzuverdanken, daß das unselige Prinzip des »demokratischen Zentralismus« zur Einzeldiktatur entartete. Seine Welt waren die Direktiven, die Monatsberichte, die Anweisungen – zum großen Teil streng vertraulich.

Er kannte die Stimmungen aus Informationen und Berichten, er hätte die Meinung der Parteibasis deuten müssen. Was lag näher, als daß dieser Mann die vorhandenen Signale an Erich Honecker hätte herantragen müssen. Doch im Gegenteil, er tat alles, um Informationen abzublocken. In der Aussprache kann Horst Dohlus nicht erklären, was mit den Berichten, die durch seine Hände gingen, geschah. Eingaben blieben von ihm unbeantwortet, ja, bei energischen Protesten der Genossen waren seine Abgesandten zur Stelle, um kritische Geister zum Schweigen zu bringen. Horst Dohlus, so empfinden es wohl alle, gibt in dieser Runde eine sehr schlechte Figur ab, und er ist nicht fähig, das Ausmaß seiner Schuld zu erfassen.

Mit bürokratischer Akribie listet der Mann des Apparates die verschlungenen Pfade der Informationslinien auf, wo wie weitergeleitet, wo abgeheftet und doch nichts bewegt wurde. Wie sehr das Politbüro die innerparteiliche Demokratie mißachtete, äußert sich auch darin, daß seine Mitglieder an den Veranstaltungen ihrer eigenen Grundorganisationen so gut wie nie teilnahmen, was ja ein Statutverstoß war.

Bei Horst Dohlus gibt es niemanden, der entlastende Argumente vorbringen kann, und so fällt auch hier die Entscheidung auf Ausschluß einstimmig.

Der Vollständigkeit halber sollen auch noch zwei weitere Ausschlüsse wenigstens Erwähnung finden: die von Werner Jarowinsky und Hans-Joachim Böhme. Der erste ist durch Krankheit gezeichnet, der zweite abwesend. Es liegen ausführliche Stellungnahmen vor, aus denen hervorgeht, daß auch sie in dem höchsten Führungsgremium nichts taten, um eine Wende in der Entwicklung dieses Landes herbeizuführen. In beiden Fällen bewertet die Schiedskommission auch ihren Anteil bei der Schädigung der Partei und entscheidet sich für ihren Ausschluß.

Erschienen zu später Stunde ist Heinz Keßler, der damalige Verteidigungsminister der DDR, Freund Erich Honeckers seit der FDJ-Zeit. Es war nicht direkt seine Schuld, daß preußischer Kommißton und Untertanengeist die Atmosphäre in der Nationalen Volksarmee bestimmten. Da hatten seine Vorgänger Willi Stoph und Heinz Hoffmann ganze Arbeit geleistet. Doch, nachdem er in das höchste Militäramt geriet, vollzogen sich da unter seinem Kommando keine Veränderungen, die der Menschenwürde und einem demokratischen Verständnis in der NVA Raum gegeben hätten. Fast jeder Offizier war Mitglied der SED, mußte es sein, um überhaupt eine militärische Laufbahn einschlagen zu können. So fehlte in der Armee immer mehr das Verständnis dafür, Diener des Staates zu sein und nicht nur der Partei. Zwischen den Offizieren und Soldaten bestand eine tiefe Kluft. Das war bekannt, wurde immer wieder beklagt, doch geändert hat sich nie etwas. Und so mußte zwangsläufig in dem Augenblick, als die Machtstrukturen in unserem Lande zu bröckeln begannen, auch ein unaufhaltsamer Verfallsprozeß in der Armee einsetzen.

Eine kritische Atmosphäre innerhalb der Parteiorganisationen der NVA gab es nicht, die Vorgesetztenstrukturen bestimmten letztlich auch das Parteileben. Und dafür trug Heinz Keßler maßgebliche Verantwortung.

Der einst oberste Soldat des Volkes hatte, wie er darlegt, im August des vergangenen Jahres die Wirtschaftspolitik von Mittag nicht mehr mitgetragen. Er hatte, allerdings vergeblich, versucht, die Ausreisewelle zur Sprache zu bringen. Seine Überlegungen verfielen der Ablehnung. Doch zu diesem Zeitpunkt waren die Würfel für die Entwicklung der DDR längst gefallen. Was sich in den folgenden Monaten vollzog, war ja nur die Konsequenz bisheriger Fehlentscheidungen.

Erich Mückenberger gehört mit 79 Jahren wie Alfred Neumann zu den ältesten Vorgeladenen aus dem einstigen Machtzentrum. Vorsitzender der Zentralen Parteikontrollkommission, Vorsitzender der SED-Fraktion in der Volkskammer der DDR, Präsident der Gesellschaft für Deutsch-Sowjetische Freundschaft – ein alter Mann mit einer ungewöhnlichen Macht also. Doch nur auf dem Papier. In Wirklichkeit spielte er im Politbüro die Rolle des ehrlichen Befehlsausführers, dem die Parteidisziplin als die höchste Tugend galt. Als einziger noch lebender Sozialdemokrat in der Führung diente er auch als Aushängeschild, als Alibi in der Parteispitze.

Es entbehrt nicht einer Tragik, daß viele aufrechte Mitglieder der Partei, die für eine Erneuerung, für einen demokratischen Sozialismus eintraten, gerade durch ihn und seine Untergebenen Repressalien ausgesetzt waren. Bewußt oder unbewußt, Erich Mückenberger wurde für viele zu einem Inquisitor.

In seinen Ausführungen verweist der alte Sozialdemokrat auf die eingeschränkte Souveränität der Kontrollkommission, auf das Diktat des Generalsekretärs bei allen wichtigen Entscheidungen. So wurde er Handlanger des Generalsekretärs und trug mit dazu bei, daß der kritische Geist in der Partei erstickt wurde.

»Ich fühle mich mitschuldig und mitverantwortlich für alles, was passiert ist, und es läßt mich Tag und Nacht nicht mehr schlafen, daß ich nicht die Zivilcourage aufgebracht habe, um die Partei sich entfalten zu lassen.« Für Erich Mückenberger lief die Entwicklung nach dem XI. Parteitag der SED in ungesunden Bahnen. Doch er hat es nicht vermocht, seine Autorität für Veränderungen einzusetzen, sondern blieb vor der Öffentlichkeit stumm.

Warum Mitglieder, die die Partei verließen, nachträglich noch ausgeschlossen wurden, will man wissen. Das Erscheinungsbild der SED sollte nicht beschädigt werden. Dies, so Mückenberger, war eine Anweisung des Sekretariats. In Briefen, erklärt der greise Politiker, habe er sich gegen eine solche Praxis gewandt, doch bewirkt habe er nichts.

Auch hier ein bitteres Ende: Nach sechs Jahrzehnten in der Partei – Ausschluß.

Die zweite Frau als Kandidatin im Politbüro war Inge Lange, für Frauenfragen zuständig. Besonders die weiblichen Mitglieder der Schiedskommission klagen ein, daß in dieser wichtigen Angelegenheit von ihr keine Impulse ausgingen, wo doch die Gleichstellung der Frau, täglich zwar propagiert, aber in vielen Bereichen nur auf dem Papier stand. Zu weit war Inge Lange den Sorgen und Problemen der Frauen in diesem Männerorgan entrückt, um ernsthaft als Vorkämpferin in der Frauenbewegung aktiv sein zu können. Auch ihre Parteimitgliedschaft ist beendet.

Günter Schabowski, zu mitternächtlicher Stunde und vor Egon Krenz an der Reihe, gehörte zweifellos zu den profiliertesten Vertretern des alten Politbüros im zurückliegenden Jahrzehnt. Als ehemaliger Chefredakteur des »Neuen Deutschland« und dann als 1. Sekretär der Berliner Parteiorganisation hatte er maßgeblichen Anteil an der Durchsetzung der Honecker-Linie. Eine bekannte BRD-Zeitung schrieb, er habe es mit sehr viel Geschick verstanden, das ND zu einem Mitteilungsblatt von Erich Honecker zu machen. Anders als die Zeitung war er selbst: schlagkräftig in den Argumenten, mit Biß im Disput, doch für viele ein wenig zu schnoddrig, wenn es um gewichtige Fragen ging. Günter Schabowski ging den Auseinandersetzungen bei den Oktober- und Novemberdemonstrationen nicht aus dem Wege, und er scheute sich auch nicht, den öffentlichen Protest zu ertragen, während andere lieber schwiegen. Der Berliner Parteivorsitzende mußte dabei die »Prügel« für die gesamte Parteiführung einstecken und meisterte mit der ihm eigenen linkischen Bravour internationale Pressekonferenzen. Doch auch er ließ die für ein so hohes Parteiamt nötige Sensibilität vermissen, die der Führung schon seit Jahren verlorengegangen war, wenn es um die Sorgen und Probleme der Leute ging.

Unverständlich, daß Günter Schabowski die Explosivität der Lage nicht in vollem Umfang erkannte, die zum Beispiel den 750-Jahr-Rummel in Berlin 1987 begleitete. Was meint er? *»Es konnte ja immer alles hingebogen, aller Mißmut irgendwie besänftigt werden, warum nicht auch diesmal.«* Wie sehr auch Günter Schabowski den Dingen des Lebens in diesem Lande entrückt war, ließ sein einen Sturm des Protestes auslösender lockerer Spruch erkennen, im hohen Preis des neuen »Wartburg« sei schließlich auch ein Reserverad inklusive. Spätestens da hätte ein Mann mit seinem Intellekt erkennen müssen: Der Bogen war überzogen, der angestaute Unmut im Volk war mit Worthülsen nicht mehr zu besänftigen. Oder hatte er das doch erkannt, fand aber nicht den Mut zu energischer Gegenwehr im Politbüro? Er unternahm nichts, um das Blatt zu wenden. Wer, wenn nicht er, wäre dazu fähig gewesen? Die Befragung von Günter Schabowski gibt auf diese und andere Fragen keine befriedigende Antwort.

Günter Schabowski zur 750-Jahr-Feier Berlins: *»Ich bitte, mich zu verstehen. Der Bombasmus, der damals betrieben wurde, man muß das unter den damaligen Entwicklungen sehen, daß sich das zu einer Kraftprobe mit dem Westen vollzogen hatte, und daß wir damals von der Selbstverständlichkeit ausgingen, der westlichen Seite ein Entsprechendes an Aufwand entgegenzuhalten. Ich muß das so eindeutig sagen, das hängt mit diesem verfluchten Prestigedenken zusammen, das dazu führte, daß nicht nur in dieser Frage, sondern in vielen Fragen überhaupt nicht nach Stimmungen und der konkreten Lage der Menschen gefragt wurde. Deshalb kamen mir auch keine Bedenken beim Setzen der Schwerpunkte. Es ist nun mal so. Immer, wenn die Decke zu kurz ist, dann muß das zwangsläufig zu Ungerechtigkeiten führen. Diese Unbedenklichkeit, mit der das damals gemacht wurde, die muß man verurteilen. Für diese Entscheidungen trage ich Mitverantwortung. Zwar haben hier alle in der Führung so entschieden, aber ich habe auch nichts dagegen unternommen. Mit diesen Fragen haben wir uns im Verlaufe des Jahres immer wieder beschäftigen müssen, denn es gab zahlreiche Hinweise, bis hin zu den vielen Protesten von Berlinern, die sagten, man habe ihnen in Dresden die Reifen zerschnitten. Da wurde uns natürlich bewußt, daß hier eine derart scharfe Anti-Berlin-Stimmung da war, die eigentlich genau das Gegenteil von dem ausdrückte, was mit dem Bombasmus bezweckt worden war, nämlich Stolz auf die Hauptstadt.«*

Doch das war das Jahr 1987. Der sich schon damals abzeichnende Niedergang dieses starren Systems wurde mit weiteren Jubelorgien überdeckt. Das sollte sich bitter rächen.

Mysteriös sind für viele die Umstände, unter denen am 9. November 1989 plötzlich die Grenzen zur Bundesrepublik und zu Westberlin geöffnet wurden. Erinnern wir uns: Auf der Pressekonferenz zum 10. ZK-Plenum am 9. November las Günter Schabowski einen Zettel vor, der ihm während der Veranstaltung zugereicht worden war, und er erklärte, daß die neue Reiseregelung ab sofort in Kraft getreten sei. Unmittelbar danach setzte der Ansturm auf die Grenzübergangsstellen ein. Später tauchte die Frage auf, ob das wirklich so gemeint war, wie es viele verstanden haben. Auch wurde das Ganze für ein taktisches Manöver gehalten, mit dem die »Jungen« im Politbüro ihre Position festigen wollten. Vor der Schiedskommission sagt Günter Schabowski dazu: *»Was die übereilte Grenzöffnung betrifft, so muß ich in der Tat sagen, daß es damit zusammenhängt, mit den personellen Veränderungen an der Spitze, unter ganz besonderen Umständen. Das war mit der Lage im Lande verbunden, wo sie eben nicht mehr Herr der Dinge war. Also, nicht wir haben die Ereignisse und die Schritte der Politik bestimmt, sondern uns sind diese Schritte aufgenötigt worden. Und die Entscheidung über die Öffnung der Grenze, die war, ich kann mich so aus der ›Lameng‹ nicht hundertprozentig abgerundet ausdrücken, die war im wesentlichen bestimmt durch den immer stärker werdenden Druck, der sich bemerkbar machte unter der Bevölkerung. Ich meine jetzt die Tendenz, die DDR zu verlassen. Die Entscheidung war diktiert von Signalen, die die Führung erhalten hatte. So ist mir das in Erinnerung, daß die tschechoslowakische Führung sich mit dem Gedanken trug, die Grenzen zur DDR absolut dichtzumachen. Darin sah die damalige Führung die Gefährdung ihrer eigenen Position, und daraus ergab sich die Befürchtung, daß dann der Druck zu groß wird. Und jetzt kommt noch ein besonderes Element hinzu. Durch die Tatsache, daß der Entwurf des Reisegesetzes auf starken Widerstand stieß, ergab sich aus unserer Sicht damals die Gefahr, daß es in Betrieben zu Streiks kommen könnte, weil die Arbeiter durch die dort in Aussicht gestellte Regelung, ›also du kannst reisen, wohin du willst, aber du bekommst von uns keinen Pfennig‹, in große Erregung geraten könnten. Und das Wort ›Streik‹ steckte uns in den Gliedern. Uns war klar, wenn es dazu kommt, dann fängt die Sache an, total gegen den Baum zu gehen. Das führte dazu, daß überstürzt ein Vorgriff auf das künftige Reisegesetz gemacht wurde.«*

Die Anhörung von Egon Krenz nimmt die längste Zeit in Anspruch. Er hat der Kommission eine 15seitige Stellungnahme übergeben. Diese ist vor allem darauf gerichtet, so mein Eindruck, sein Wirken in der Parteiführung in einem günstigen Licht erscheinen zu lassen.

Ausführlich spricht er über die Umstände, die zur Ablösung Erich Honeckers führten, warum die Partei nach seiner Wahl weiterhin in Erstarrung verharrte, zur Frage seiner Verantwortlichkeit bei den Unregelmäßigkeiten zu den Kommunalwahlen im zurückliegenden Mai und viele andere Dinge. Immer und immer wieder Entschuldigungen, Bitten um Verständnis, Rechtfertigungen. Und wieder Sprüche – Sprüche bekannter Krenzscher Prägung – laut, aber nichtssagend.

Noch im nachhinein zeigt sich die Tragik der nahezu feudalen Strukturen, in denen Erbfolge- und Kronprinzenrecht einen solchen Mann in höchste Staatsämter brachte. Schon Tage später verkaufte er sich an die »Bild«-Zeitung. Wie tief muß einer gesunken sein, der jenes Blatt zu seinem Sprachrohr macht, das für sich in Anspruch nehmen kann, stets das Unappetitlichste zu bieten. Allerdings: Wer sich verkauft, darf sich nicht wundern, wenn Verrat nicht nur honoriert wird. Für den Verräter blieb kein freundliches Wort in der »Bild«-Gegendarstellung. Die SED hat in ihrer Geschichte große und folgenschwere Fehler gemacht. Ein solcher Generalsekretär gehörte dazu, das hatte die Partei wirklich nicht verdient.

Die geschlossene Gesellschaft

Wandlitz/Waldsiedlung ist längst Geschichte, so, als wäre alles nur ein böser Traum. Doch wer noch vor sechs Monaten prophezeit hätte, im Februar des Jahres 1990 wartet Erich Honecker in einer christlichen Herberge auf seinen Seelenfrieden, Egon Krenz ist Starautor bei Springers »Bild«-Zeitung, Erich Mielke befindet sich in Untersuchungshaft, und Eberhard Aurich betätigt sich, äußerlich unbeschwert, als Beleuchter, dem hätte man wohl eine Nervenheilbehandlung vorgeschlagen. Würden nicht die Resultate einer völlig verfehlten Politik so deutlich auf dem Tisch liegen, könnte wohl niemand mehr daran denken, daß alles einmal ganz anders war. So fern, so unwirklich ist dieses Kapitel deutscher Geschichte schon geworden.

Für viele der Alten ist jetzt die Zeit der Memoiren, der Erinnerungen angebrochen. Kinder und Enkel geben zu Protokoll, gegen klingende Münze oder gratis. So läßt sich für einige der Verlust der Privilegien besser ertragen. Ganze Heere von Journalisten werden sich auf ihre Spuren heften und immer wieder etwas Sensationelles auftischen. Es ist die Zeit der Trüffelschweine, die alles aus der Tiefe herausgraben und es der staunenden Öffentlichkeit präsentieren.

Die, die das Umfeld ehemals führender Köpfe kannten, werden zu berichten wissen. Die Marotten der einstigen Waldsiedler könnten Bände füllen: wie beispielsweise Willi Stoph gern seinen Zollstock zückte, um in seinem Gewächshaus die Gurken abzumessen und/oder wie die ehemaligen Führer bis ins hohe Alter unfehlbare Schützen auf der Jagd blieben. Leider war die Politik in unserem Lande von den Schrullen nicht verschont, sondern sie prägten wohl manche politische Entscheidung mit. Das macht die Katastrophe erklärbarer.

Was bleibt zurück: Die ehemals führenden Leute dieses Staates waren der Welt, in der sie lebten, völlig entrückt, hatten sich eine eigene aufgebaut. Sie sprachen nicht miteinander, lebten ohne menschliche Wärme füreinander, vermieden jeglichen Kontakt zueinander, belauerten und beobachteten sich, ließen niemanden an sich heran. Das Gespenst der Fraktionsbildung saß allen im Nakken und niemand wollte auch nur den geringsten Verdacht erwekken, mit einem zweiten etwas Gemeinsames zu haben.

Äußerlich demonstrierten sie eine heile Welt, in der die Kameradschaft Gleichgesinnter und politische Harmonie herrschten. In Reden und Aufsätzen beschworen sie die Kollektivität. Doch bei ihnen hat es die in Wirklichkeit nie gegeben. Weder unter Walter Ulbricht noch unter Erich Honecker. Und so ist selbst ihre Jagdleidenschaft ein Symptom tiefster Zurückgezogenheit und Kontaktangst.

Je länger die Führenden an der Spitze von Partei und Staat standen, um so uneinsichtiger, weltfremder wurden sie. Und es gab keine gesellschaftliche Kraft im Lande, die dem schleichenden Verfall Einhalt gebieten konnte, obwohl alles unter so vielen Augen geschah. Deshalb nur den Führern die alleinige Verantwortung für die Entartung des Sozialismus zuzuschreiben, wäre allzu einfach. Doch diese hatten es maßgeblich in der Hand, Neues durchzusetzen. Sie wußten mehr oder weniger genau, und das seit Jahren, daß die ökonomische Lage der DDR schon bald zu einem Kollaps führen mußte. So deutlich war es nur ihnen bekannt. Doch sie verhielten sich mehr und mehr wie Täter. Mit einer neuen folgenschwereren Tat sollte eine vorhergehende vertuscht werden. Das konnte auf die Dauer nicht gut gehen. Die Dimensionen wuchsen, am Ende war es der ganze Staat, die Gesellschaft.

Mit Blick auf die jüngste Vergangenheit ist man um vieles klüger, was man alles hätte anders bewerkstelligen müssen. Wer zum Beispiel durch ein Land eine Mauer errichtet, in der festen Überzeugung, daß sie notwendig ist, der muß sich von der ersten Stunde des Zumauerns darüber Gedanken machen, wie das Bauwerk wieder verschwindet. Man hätte aus heutiger Sicht eine Frist setzen müssen: Fünfzehn Jahre haben wir Zeit, dann muß die Mauer wieder weg sein! Das hätte die DDR gezwungen, nach Lösungen zu suchen, anstatt in Erstarrung zu leben.

Wie konnte man nur glauben, daß so etwas lange gut geht? Im 21. Jahrhundert werden die Menschen sich möglicherweise einmal daran erinnern, daß es in Deutschland einen Versuch gegeben hat, einen Sozialismus aufzubauen, und ein total inkompetentes Politbüro hat diese Möglichkeit, diese Hoffnung mit zunichte gemacht. Es ist bitter, aber wahr. Soweit ist es die deutsche Variante. Was zum Scheitern eines abnormen Sozialismus im Weltmaßstab führte, war hier nicht der Gegenstand.

Das Frühjahr 1990 hätte uns fast den XII. Parteitag der SED beschert. Alles war geplant nach der alten Zeremonie, mit dem Berichterstatter Erich Honecker und dem neuen Generalsekretär Erich Honecker. Nichts hätte sich wahrscheinlich bewegt, alles wäre noch reaktionärer geworden.

Sie, diese Alten an der Spitze, lebten in einer in sich geschlossenen Gesellschaft im Wandlitzer Innenring, umgeben von einem Außenring, umgeben von einer hauptstädtischen Betonmauer, die sie »Schutzwall« nannten, umgeben von einem fast undurchdringlichen Zaun um das ganze Land. Zu den Menschen darin hatten sie jede Beziehung verloren. Da entstand eine Mauer in ihren Köpfen und machte sie noch eingeschlossener, die total geschlossene Gesellschaft. Wie kamen sie nur darauf, daß Dynastien für eine Ewigkeit gemacht wären?

Chronik der Ereignisse seit dem 1. September 1989 in der Diktion der DDR-Presse, vor allem des »Neuen Deutschland« (ND)

1. September 1989
– Erich Honecker tritt nach erfolgreicher Gallenoperation einen Genesungsurlaub an.

3. September
– Die Leipziger Herbstmesse öffnet ihre Pforten. Anstelle von Erich Honecker führt Willi Stoph den traditionellen Rundgang der Partei- und Staatsführung an.

4. September
– Der Sprecher des Außenministeriums der DDR, Wolfgang Meyer, verurteilt die zügellose Hetzkampagne in der BRD im Zusammenhang mit dem Aufenthalt zahlreicher DDR-Bürger in der diplomatischen Vertretung der BRD in Budapest.

5. September
– Aktivtagungen zu Beginn des Parteilehrjahres in drei DDR-Bezirken.
– Die Parteihochschule »Karl Marx« eröffnet das Studienjahr.
– Erich Honecker veröffentlicht im ND über eineinhalb Seiten einen Beitrag »40 Jahre DDR«, der eine erfolgreiche Bilanz von vier Jahrzehnten zieht.

7. September
– In der monatlichen Statistik werden hohe Leistungen im August in Vorbereitung des 40. Jahrestages der DDR konstatiert.
– In einem ADN-Kommentar wird von einer Falschmeldung in BRD-Medien im Zusammenhang mit Übereinkünften zwischen der DDR und der BRD über den »Auszug von DDR-Bürgern« aus der Ständigen Vertretung der BRD in der DDR gesprochen. Aus dem Material wird nicht deutlich, um welche Falschmeldung es sich handelt.

– Das ND veröffentlicht Stellungnahmen von Bürgern der DDR zur zügellosen Hetzkampagne in der BRD. Gemeint ist damit die tägliche Berichterstattung der BRD-Medien über DDR-Flüchtlinge.
– Ein weiterer Artikel von Erich Honecker wird im ND nachgedruckt, um zu demonstrieren, daß der Generalsekretär trotz seines Genesungsurlaubs auf oberstem Kommandoposten steht.
– In drei weiteren Bezirken der DDR wird das Parteilehrjahr eröffnet.

8. September

– Das ND veröffentlicht zustimmende Meinungen zum Artikel Erich Honeckers »40 Jahre DDR«.
– In weiteren Bezirken der DDR wird das Parteilehrjahr eröffnet.

9. September

– Nach einer ADN-Mitteilung unter der Schlagzeile »Vernunft gewann Oberhand« wird berichtet, daß die DDR-Bürger, die sich in der Ständigen Vertretung der BRD in Berlin aufhielten, die diplomatische Einrichtung der BRD freiwillig verlassen haben.

10. September

– 200 000 Bürger Berlins ehren die Kämpfer gegen Faschismus und Militarismus und legen ihr Bekenntnis für einen starken Frieden in der Welt und für einen Sozialismus in den Farben der DDR ab.

11. September

– In einer offiziellen ADN-Meldung wird kritisch zu der Ausreise von DDR-Bürgern aus Ungarn Stellung genommen.

12. September

– ADN verbreitet einen offiziellen Kommentar unter der Überschrift »Der große Coup aus der BRD«. Darin wird von einer »Nacht-und-Nebel-Aktion« gesprochen, mit der seit dem 11. September »eine größere Anzahl von Bürgern der DDR illegal und unter Verletzung völkerrechtlicher Verträge und Vereinbarungen aus der Ungarischen Volksrepublik in die BRD verbracht« wurde.
– Im ND erscheint ein mit »E. H.« gezeichneter Kommentar unter dem Titel »Ein Gramm zuwenig«, dessen Inhalt verklausuliert zu verstehen gibt, daß Erich Honecker entgegen westlichen Meldungen – wonach ihm die immer zugespitztere Situation zu schaffen mache – völlig ungebrochen an der Spitze des Staates steht.

14. September

– Berliner Bestarbeiter schicken eine Grußadresse an Erich Honecker mit der Mitteilung: »Auf den Leistungswillen der Werktätigen der DDR ist auch künftig Verlaß.«

19. September

– Ehrenbanner des Zentralkomitees der SED, des Staatsrates, des Ministerrates und des FDGB-Bundesvorstandes für hervorragende Arbeitskollektive im Wettbewerb zum 40. Jahrestag der DDR übergeben.

– Rumäniens Staatsoberhaupt Nikolae Ceauşescu verurteilt entschieden die Einmischung in die inneren Angelegenheiten der DDR.

– DDR-Medien publizieren umfangreiche Materialien über den Menschenhandel von BRD-Kreisen mit Bürgern der DDR.

– In einer Mitteilung des Sprechers des mongolischen Außenministeriums werden einige politische Kräfte und die Massenmedien der BRD dafür verurteilt, daß sie die sozialistischen Errungenschaften der DDR besudeln.

20. September

– Weitere Ehrenbanner für hervorragende Leistungen im sozialistischen Wettbewerb werden übergeben.

21. September

– Weitere Ehrenbanner werden an Betriebskollektive übergeben und Grüße Erich Honeckers zu der hohen Auszeichnung überbracht.

– Der Minister des Inneren teilt mit, daß ein von zwei Personen unterzeichneter Antrag zur Bildung einer Vereinigung »Neues Forum« eingegangen ist, geprüft und abgelehnt wurde. Ziele und Anliegen der beantragten Vereinigung widersprächen der Verfassung der DDR und würden eine »staatsfeindliche Plattform« darstellen. Die Unterschriftensammlung zur Unterstützung der Gründung dieser Vereinigung sei nicht genehmigt und folglich illegal.

– Im ND werden Leserbriefe von Bürgern der DDR veröffentlicht, in denen der Menschenhandel der BRD entschieden verurteilt wird.

22. September

– Im Berliner Museum für Deutsche Geschichte wird in Anwesenheit der Partei- und Staatsführung die zentrale Ausstellung »40 Jahre DDR« eröffnet, die eine Bilanz des erfolgreichen Entwick-

lungsweges der DDR »eindrucksvoll demonstriert«. Bis auf Erich Honecker sind fast alle Spitzenpolitiker der SED anwesend.
– Weitere Ehrenbanner werden an ausgezeichnete Betriebskollektive übergeben.

24. September

– Wieder finden Auszeichnungsfeiern mit der Vergabe von Ehrenbannern statt.

25. September

– Weitere Ehrenbanner werden übergeben.
– Eine Partei- und Staatsdelegation der DDR unter der Leitung von Egon Krenz weilt aus Anlaß des 40. Jahrestages der Gründung der VR China in Peking und führt dort politische Gespräche.

26. September

– Erneut werden Ehrenbanner an Betriebskollektive überreicht.
– Egon Krenz trifft in Peking mit dem Generalsekretär der KP Chinas Jiang Zemin zusammen und überbringt Grüße Erich Honeckers.

27. September

– Weitere Ehrenbanner für vorbildliche Leistungen im sozialistischen Wettbewerb zu Ehren des 40. Jahrestages der DDR werden überreicht.

28. September

– Willi Stoph, Vorsitzender des Ministerrates der DDR, zeichnet 15 Betriebe mit dem Ehrentitel »Betrieb der sozialistischen Arbeit« aus.
– Weitere Ehrenbanner werden übergeben.

30. September

– Bei einer Auszeichnungsfeier zur Übergabe von Ehrenbannern erklärt Werner Walde in Lauchhammer: »Mögen die Feinde des Sozialismus wie eh und je in völliger Verkennung der realen Lage Gift und Galle spucken gegen unser Land, gegen unser Volk, gegen unsere Partei – es bleibt historische Wahrheit, daß die DDR die größte Errungenschaft der revolutionären deutschen Arbeiterbewegung ist.«

1. Oktober 1989

– In der Nacht vom 30. September zum 1. Oktober reisen jene DDR-Bürger, die sich in den BRD-Botschaften in Warschau und Prag aufhielten, in die BRD aus. Sie werden, wie der Sprecher des Außenministeriums der DDR, Wolfgang Meyer, erklärt, über das Territorium der DDR in die BRD ausgewiesen.

2. Oktober

– ND veröffentlicht unter der Überschrift »Sich selbst ausgegrenzt« einen offiziellen Kommentar des Sprechers des Außenministeriums der DDR zu den ausgereisten DDR-Bürgern. Darin heißt es unter anderem: »Sie alle haben durch ihr Verhalten die moralischen Werte mit Füßen getreten und sich selbst aus unserer Gesellschaft ausgegrenzt. Man sollte ihnen deshalb keine Träne nachweinen.« Diese Passage wird auf ausdrückliche Weisung Erich Honeckers publiziert.

– Erich Honecker tritt erstmals wieder öffentlich in Erscheinung und trifft sich in Berlin mit dem britischen Verleger Robert Maxwell.

– Horst Sindermann überreicht an verdiente Bürger hohe staatliche Auszeichnungen.

– Weitere Ehrenbanner werden übergeben.

– Der Leiter der Ständigen Vertretung der DDR in der BRD, Horst Neubauer, legt in Bonn eine Protestnote dagegen vor, daß seitens der BRD Absprachen nicht eingehalten und von BRD-Politikern Falschmeldungen über die Aktion vom 1. Oktober in Umlauf gebracht werden. Die Meldung besagt nicht, um welche Falschmeldungen es sich handelt, und auch nicht, daß die BRD diese Darstellung zurückweist.

3. Oktober

– Die Regierung der DDR hat nach Konsultationen mit der ČSSR-Regierung zeitweilig den visafreien Reiseverkehr zwischen beiden Ländern für Bürger der DDR ausgesetzt.

– Das Politbüro des ZK der SED trifft sich mit antifaschistischen Widerstandskämpfern und Aktivisten der ersten Stunde. Erneut tritt Erich Honecker auf. Er würdigt den ruhmreichen Weg der DDR in den vierzig Jahren ihres Bestehens.

4. Oktober

– Wieder werden hohe staatliche Auszeichnungen an verdienstvolle Persönlichkeiten der DDR verliehen.

– Ein Artikel Erich Honeckers zum 40. Jahrestag der DDR erscheint in der »Prawda«.

– Die statistischen Angaben für den Monat September konstatieren wiederum hohe wirtschaftliche Zuwachsraten in allen Bereichen der Volkswirtschaft.

6. Oktober

– Fackelzug von 100 000 FDJlern Unter den Linden in Berlin. Erich Honecker würdigt in einer Ansprache den erfolgreichen Weg der DDR. Er betont, daß auch in Zukunft keine Kraft der Welt diese Entwicklung aufhalten werde.

7. Oktober

– Aus Anlaß des Nationalfeiertages der DDR halten Erich Honecker und Michail Gorbatschow Ansprachen. Die Medien melden massenweise Grüße und Glückwünsche aus aller Welt zum DDR-Jubiläum.

– Michail Gorbatschow warnt bei einem Stadtrundgang vor den schwerwiegenden Folgen, wenn man die Zeichen der Zeit unbeachtet läßt.

– Die SDP (Sozialdemokratische Partei) formiert sich als Partei in Schwante.

8. Oktober

– Das ND veröffentlicht eine ADN-Meldung, wonach in den Abendstunden des 7. Oktober Randalierer versucht hätten, die Volksfeste zum 40. Jahrestag der DDR zu stören. Der Besonnenheit der Schutz- und Sicherheitsorgane sei es zu verdanken, daß die beabsichtigten Provokationen nicht zur Entfaltung kamen. Die Rädelsführer seien festgenommen worden.

9. Oktober

– Erich Honecker empfängt den Leiter der chinesischen Delegation zu den Feierlichkeiten zum 40. Jahrestag der DDR.

– In Leipzig demonstrieren Zehntausende für eine politische Erneuerung der DDR. Später erst wird bekannt, daß gerade diese Demonstration auch ein Wendepunkt durch das Nichteingreifen der Schutz- und Sicherheitsorgane war. Namhafte Persönlichkeiten der Stadt hatten zu Besonnenheit und Gewaltlosigkeit aufgerufen. Zu den Unterzeichnern dieses Aufrufs gehört Professor Kurt Masur.

10. Oktober

– Die Medien der DDR veröffentlichen aus allen Teilen der DDR Berichte über Provokationen zur Störung der Feierlichkeiten zum 40. DDR-Jubiläum. Es wird berichtet, wie Sicherheitskräfte für Ordnung gesorgt und Störungen der Volksfeste verhindert haben. In den Materialien wird von Randalierern und Provokateuren gesprochen, die, im Bunde mit westlichen Massenmedien und Geheimdiensten, die sozialistische Ordnung in der DDR stören wollen.

11. Oktober

– Das Politbüro des ZK der SED wendet sich in einer Erklärung an die Bürger der DDR. Darin heißt es: »Der Sozialismus braucht jeden. Er hat Platz und Perspektive für alle. Es ist die Zukunft der heranwachsenden Generationen. Gerade deshalb läßt es uns nicht gleichgültig, wenn sich Menschen, die hier arbeiteten und lebten, von unserer Deutschen Demokratischen Republik losgesagt haben. Viele von ihnen haben die Geborgenheit der sozialistischen Heimat und eine sichere Zukunft für sich und ihre Kinder preisgegeben. Sie sind in unserem Land aufgewachsen, haben hier ihre berufliche Qualifikation erworben und sich ein gutes Auskommen geschaffen. Sie hatten ihre Freunde, Arbeitskollegen und Nachbarn. Sie hatten eine Heimat, die sie brauchte und die sie selbst brauchten. Die Ursachen für ihren Schritt mögen vielfältig sein. Wir müssen und werden sie auch bei uns suchen, jeder an seinem Platz, wir alle gemeinsam.«

12. Oktober

– Die Presseabteilung des Ministeriums des Inneren teilt mit, daß es in mehreren Städten der DDR zur Störung der öffentlichen Ordnung gekommen ist. Es wird mitgeteilt, daß es sich dabei um ungesetzliche Zusammenrottungen gehandelt hat. Als die Aufrufe zur Gewaltlosigkeit nicht gehört worden seien, hätten Ordnungskräfte im Interesse der Aufrechterhaltung von Ruhe und Sicherheit eingreifen müssen. Randalierer, aufgeputschte Störer und kriminelle Elemente hätten staatsfeindliche Parolen gerufen und die im Dienst befindlichen Volkspolizisten tätlich angegriffen. Die Volkspolizei habe sich äußerst zurückhaltend verhalten und erst, nachdem sie angegriffen wurde, gegen Unruhestifter polizeiliche Hilfsmittel angewandt.

13. Oktober

– Erich Honecker trifft sich mit den Vorsitzenden der befreundeten Parteien und dem Präsidenten des Nationalrates der Nationalen Front.

– Alle Bürger werden aufgerufen, vor dem XII. Parteitag der SED ihre Vorschläge und Initiativen für die Stärkung des Sozialismus und des Friedens einzubringen.

14. Oktober

– In Stellungnahmen bekunden die Bürger der DDR ihre Zustimmung zur Erklärung des Politbüros des ZK der SED.

– Vertreter der Partei- und Staatsführung gehen in Betriebe, um mit Werktätigen über neue Initiativen zur Vorbereitung des XII. Parteitages der SED zu beraten.

– »Dialog« ist das neue Schlagwort der Parteiführung.

16. Oktober

– Mitglieder des Politbüros des ZK der SED führen in Betrieben »Dialog-Zusammenkünfte« mit den Parteiaktivisten durch, bei denen Zustimmung zur Politik der SED bekundet wird.

– In Leipzig demonstrieren Zehntausende Bürger im Anschluß an einen Gottesdienst. Die Aktion verläuft gewaltfrei. Wie es offiziell heißt, war es der Zurückhaltung der Sicherheitskräfte und der eingesetzten Ordnungskräfte sowie den Demonstranten zu verdanken, daß es zu keinen Ausschreitungen kam.

– Der Dresdner Oberbürgermeister Wolfgang Berghofer trifft sich mit Bürgern der Stadt und kirchlichen Vertretern im Rathaus der Elbestadt. Er wertet die Politbüro-Erklärung als ersten Schritt zu einem umfassenden Dialog zur Lösung komplizierter gesellschaftlicher Probleme.

17. Oktober

– Der Generalstaatsanwalt der DDR spricht im Fernsehen der DDR. Er geht auf die Ereignisse vom 7. und 8. Oktober ein und spricht von Verhafteten und Zugeführten und von in Gewahrsam genommenen Bürgern.

18. Oktober

– Das Zentralkomitee der SED tritt zu seiner 9. Tagung zusammen. Erich Honecker bittet auf dieser Sitzung, ihn aus gesundheitlichen Gründen von allen Funktionen zu entbinden. Egon Krenz wird zum Generalsekretär des ZK der SED gewählt. Entsprechend dem Vorschlag von Erich Honecker unterbreitet das ZK der Volkskammer den Vorschlag, Egon Krenz zum Staatsratsvorsitzenden und Vorsitzenden des Nationalen Verteidigungsrates zu wählen. Joachim Herrmann, verantwortlich für Medien, Günter Mittag, zuständig für die Wirtschaft, werden von ihren Funktionen als Mitglied des Politbüros und Sekretär des ZK der SED entbunden. Das ZK schlägt der Volkskammer vor, Günter Mittag aus der Funktion des Stellvertretenden Vorsitzenden des Staatsrats abzuberufen.

– Egon Krenz wendet sich in einer Fernsehansprache an die Bürger der DDR und ruft sie zur aktiven Teilnahme an der Umgestaltung auf.
– Das Berliner Parteiaktiv stimmt den Ergebnissen der ZK-Tagung zu.

19. Oktober

– Die 10. Tagung der Volkskammer der DDR wird für den 24. Oktober einberufen.
– Egon Krenz besucht Berliner Werkzeugmaschinenbauer im VEB »7. Oktober«.

20. Oktober

– Die Mitglieder der Partei- und Staatsführung diskutieren in Arbeitskollektiven über den weiteren Weg der DDR. Günter Schabowski äußert dabei, die eingeleitete Dialog-Bewegung sei keine Saisonerscheinung, sondern künftig Bestandteil der Regierungspolitik.
– Der Sprecher des Außenministeriums, Wolfgang Meyer, erläutert die Ausreiseregelung für jene DDR-Bürger, die in der BRD-Vertretung in Warschau Aufenthalt haben beziehungsweise in der polnischen Hauptstadt auf Ausreise warten.
– Auf die DDR-Staatsgrenze wird ein Anschlag verübt. Grenzsoldaten werden am Brandenburger Tor mit Steinen beworfen.
– Die sowjetische Zeitschrift »Sputnik« kommt wieder in den Zeitungsvertrieb, wird mitgeteilt. (Am 19. November 1988 war im ND darüber informiert worden, daß der »Sputnik« von der Postzeitungsliste gestrichen worden ist. Wie später bekannt wurde, erfolgte das Verbot auf direkte Anweisung Erich Honeckers.)

21. Oktober

– Egon Krenz telefoniert mit Michail Gorbatschow. Beide verabreden eine baldige Begegnung.
– In der Ständigen Vertretung der DDR in Bonn gehen zahlreiche Anfragen von Rückkehrwilligen ein.

22. Oktober

– Im Leipziger Gewandhaus treffen sich Persönlichkeiten mit Bürgern der Stadt, um über das Schicksal Leipzigs und des Landes zu diskutieren.
– Harry Tisch trifft sich mit Gewerkschaftern vom VEB Bergmann Borsig in Berlin, und Hans Modrow weilt bei Robotron-Elektronikern in Dresden.

24. Oktober

– Die Volkskammer der DDR tritt zusammen. Sie wählt Egon Krenz zum Vorsitzenden des Staatsrates der DDR und zum Vorsitzenden des Nationalen Verteidigungsrates. Er erhält 26 Gegenstimmen, und es gibt 26 Stimmenthaltungen.

– Die Presse meldet, daß sechs Panzerregimenter der Nationalen Volksarmee aufgelöst wurden.

– In Berlin diskutieren die Politbüromitglieder Günter Schabowski und Alfred Neumann mit Kabelwerkern, Kurt Hager stellt sich dem Disput mit Unterhaltungskünstlern. »Wir haben die Chance, etwas Neues zu beginnen, wir müssen sie nutzen«, erklärt Kurt Hager den kritischen Fragern.

– In Leipzig, Dresden und anderen Städten demonstrieren Hunderttausende für energische Schritte zur Veränderung.

– Auf einer Pressekonferenz zu den Polizeieinsätzen am 7. Oktober wird von der Generalstaatsanwaltschaft eine gewisse Prüfung aller Vorgänge und Anzeigen zugesichert.

25. Oktober

– Der Polizeipräsident von Berlin äußert sich noch einmal auf Anfragen von Journalisten zu den Ergebnissen der bisherigen Untersuchungen der Ereignisse um den 7. Oktober in Berlin. Unter den 1 200 Demonstranten, so berichtet er, gab es einen harten Kern von etwa 100 Leuten, der randalierend durch die Straßen zog. Gleichzeitig warnt er davor, die Protestbewegung zu kriminalisieren.

– Egon Krenz und Manfred Gerlach treffen sich mit Wolfgang Mischnik, Fraktionsvorsitzender der FDP der BRD, und beraten eine engere Zusammenarbeit DDR–BRD.

– In Drewitz wird ein Jagdfliegergeschwader der NVA aufgelöst.

– BRD-Kanzler Kohl spricht sich weiterhin für die Obhutspflicht der BRD für alle Deutschen aus.

26. Oktober

– Egon Krenz und Helmut Kohl telefonieren miteinander und vereinbaren die Weiterführung der aufgenommenen Kontakte.

– Willi Stoph informiert im Fernsehen über die nächsten Schritte zur Verbesserung der Marktsituation durch zusätzliche Importe und ein erweitertes Ersatzteilsortiment. Es werden keine Angaben gemacht, woher die Mittel dazu kommen sollen.

– Der FDJ-Zentralrat tagt in Berlin. Es geht um ein neues Profil der Jugendorganisation der DDR.

– Ein Sprecher des Innenministeriums teilt mit, daß die Neonazis in der DDR keinerlei Chance hätten. Er reagiert damit auf eine Ankündigung des BRD-Republikaner-Chefs Schönhuber, seine Partei habe »DDRweit Fuß gefaßt«.

27. Oktober

– Der Staatsrat der DDR faßt einen Beschluß zur Amnestie für alle, die bis zum 27. Oktober die DDR verlassen haben. Dieser Beschluß gilt auch für beabsichtigtes illegales Verlassen der DDR sowie für Demonstranten. Ausgenommen sind von dieser Regelung Personen, die Gewaltverbrechen begingen.

– Die Pressestelle des Ministeriums des Inneren teilt mit, daß ab 1. November wieder jene Reiseregelungen in die ČSSR gelten, wie vor dem 3. Oktober. Das heißt, DDR-Bürger können wieder mit dem Personalausweis ins Nachbarland reisen.

– In zahlreichen Städten der DDR demonstrieren Bürger für radikale Veränderungen im Land.

29. Oktober

– In Berlin finden die ersten Sonntagsgespräche vor dem Roten Rathaus statt. Im Mittelpunkt stehen Amtsmißbrauch, Korruption und die Allmacht des Staatssicherheitsdienstes. Berliner Politiker müssen Rede und Antwort stehen.

30. Oktober

– Egon Krenz reist nach Moskau.

– Der FDGB-Bundesvorstand hält seine 10. Tagung ab. Die Entscheidung über die Vertrauensfrage Harry Tischs wird vertagt.

– Wieder finden Demonstrationen in DDR-Städten für eine Erneuerung statt.

1. November 1989

– Egon Krenz trifft in Moskau mit Michail Gorbatschow zusammen.

– Die Grenzen der DDR zur ČSSR sind wieder für den visafreien Reiseverkehr geöffnet. 8 000 DDR-Bürger besuchen das Nachbarland.

– Demonstrationen in mehreren Städten der DDR für demokratische Veränderungen.

2. November

– Der Ministerrat der DDR erörtert die kritische politische und ökonomische Lage.

– Volksbildungsministerin Margot Honecker läßt in einem Brief mitteilen, sie trete von ihrem Amt zurück.

– Egon Krenz weilt zu einem Arbeitsbesuch in Warschau.
– CDU-Vorsitzender Gerald Götting und NDPD-Vorsitzender Heinrich Homann treten zurück.
– Die LDPD empfiehlt den Rücktritt der Regierung.
– Der Vorsitzende des FDGB-Bundesvorstandes Harry Tisch erklärt seinen Rücktritt. Neue Vorsitzende wird Annelies Kimmel.
– Wieder wird in der DDR demonstriert.

3. November

– Egon Krenz wendet sich in einer Fernsehansprache an die Bürger der DDR. Er ersucht um Unterstützung seiner Politik der Umgestaltung.
– Das Diplomatische Korps beglückwünscht Egon Krenz zu seiner Wahl zum Vorsitzenden des Staatsrates.

4. November

– Eine große Protestdemonstration von einer halben Million Menschen findet auf dem Berliner Alexanderplatz statt, auf der der Schutz der individuellen Rechte, Meinungs-, Presse- und Versammlungsfreiheit gefordert werden.
– Etwa 6 000 DDR-Bürger, die sich in der Botschaft in Prag aufhielten, sind in die BRD ausgereist.

5. November

– Mehrere hunderttausend Leipziger demonstrieren für grundlegende Veränderungen in der DDR. Auch in Halle, Karl-Marx-Stadt, Cottbus, Schwerin und Erfurt gehen die Menschen auf die Straße.
– Der Entwurf eines Reisegesetzes wird veröffentlicht. Er wird in zahlreichen Stellungnahmen als völlig unzureichend kritisiert.

7. November

– Die Regierung Willi Stophs tritt zurück, führt aber die Geschäfte bis zur Neuwahl weiter.
– Der Verfassungs- und Rechtsausschuß der Volkskammer fordert die umgehende Einberufung des Parlaments.
– Zum neuen NDPD-Vorsitzenden wird Günter Hartmann gewählt.
– Zum neuen Vorsitzenden der Berliner Bischofskonferenz wird Georg Sterzinsky gewählt.
– Seit Öffnung der Grenzen Ungarns zu Österreich am 11. September haben fast 100 000 Menschen die DDR verlassen. Bayern teilt mit, daß die Aufnahmekapazität der Lager für DDR-Übersiedler

erschöpft ist und nun auf Objekte der Bundeswehr ausgewichen werden müsse.

8. November

– Die 10. Tagung des ZK der SED tritt zu dreitägigen Beratungen zusammen. Demonstrationen vor dem ZK-Gebäude, Forderungen der Parteibasis: Schluß mit Halbherzigkeiten, ein Sonderparteitag muß einberufen werden.

– Das Innenministerium teilt mit, daß die Anmeldung des »Neuen Forum« als Vereinigung nunmehr bestätigt ist. Die Interessen des »Neuen Forum« vertritt Rechtsanwalt Dr. Gregor Gysi.

– Der FDJ-Zentralrat dementiert eine DPA-Meldung, wonach das Gremium die Absicht habe, zurückzutreten.

– Seit Öffnung der Grenze zur ČSSR am 1. November haben nach Schätzungen von AP etwa 45 000 DDR-Bürger auf diesem Wege die DDR in Richtung BRD verlassen.

9. November

– Günter Schabowski teilt in seiner täglichen Pressekonferenz zur ZK-Tagung mit, eine neue Reiseregelung sei ab sofort in Kraft, nach der für den Bürger der DDR zum Grenzübertritt der Personalausweis genüge. Auf eine entsprechende Anfrage unterstrich Günter Schabowski: »Die Frage des Reisens, die Durchlässigkeit der Mauer von unserer Seite beantwortet noch nicht und ausschließlich die Frage nach dem Sinn dieser befestigten Staatsgrenze der DDR.« Unmittelbar nach dieser Ankündigung setzt der Sturm auf die Grenzübergangsstellen ein. Noch in dieser Nacht fahren Tausende DDR-Bürger nach Westberlin, um diese historische Stunde auf dem Kurfürstendamm zu erleben. (Nicht eindeutig geklärt bleibt, ob die Mitteilung von Günter Schabowski auch wirklich so gemeint war.)

– Die 10. Tagung des Politbüros beruft die vierte Parteikonferenz der SED für den 15. bis 17. Dezember ein.

10. November

– Hunderttausende DDR-Bürger reisen spontan nach Westberlin und in die BRD.

– Das ZK der SED beendet die 10. Tagung. Es unterbreitet den Entwurf eines Aktionsprogramms »Schritte zur Erneuerung«. Es wählt ein neues Politbüro, nachdem das alte geschlossen zurückgetreten ist. Egon Krenz wird als Generalsekretär des ZK der SED bestätigt. Politbüromitglieder sind: Werner Eberlein, Wolfgang Herger, Werner Jarowinsky, Heinz Keßler, Siegfried Lorenz, Hans

Modrow, Wolfgang Rauchfuß, Günter Schabowski, Gerhard Schürer. Kandidaten des Politbüros: Margarete Müller, Günter Sieber, Hans-Joachim Willerding. Klaus Höpcke wird Vorsitzender der Kulturkommission beim Politbüro, Prof. Dr. Gregor Schirmer Vorsitzender der Kommission Wissenschaft und Bildung. Horst Dohlus, Günther Kleiber und Gerhard Müller erhalten nicht die erforderliche Stimmenzahl. Hans-Joachim Böhme, Johannes Chemnitzer, Werner Walde und Inge Lange, die zu Beginn der Tagung gewählt worden waren, werden wieder von ihren Funktionen entbunden. Aus dem Politbüro scheiden auf eigenen Wunsch aus: Hermann Axen, Kurt Hager, Werner Krolikowski, Erich Mielke, Erich Mückenberger, Alfred Neumann, Horst Sindermann, Willi Stoph und Harry Tisch. Günter Mittag und Joachim Herrmann werden aus dem Zentralkomitee ausgeschlossen.
– 150 000 Mitglieder der SED verurteilen auf einer Kundgebung scharf die Hinhaltetaktik der Parteiführung. Massiv wird die Forderung nach einem Außerordentlichen Parteitag erhoben.
– Lothar de Maizière wird neuer Vorsitzender der CDU.

12. November

– Das Politbüro wandelt die beschlossene Parteikonferenz in einen Außerordentlichen Parteitag um.
– Parteien und Organisationen der DDR fordern die unverzügliche Einberufung der Volkskammer.

13. November

– Die Volkskammer tritt zu der von vielen Abgeordneten geforderten 11. Tagung zusammen. Zur Wahl des Volkskammerpräsidenten stehen zwei Kandidaten: Manfred Gerlach (LDPD) und Günther Maleuda (DBD). Günther Maleuda gewinnt mit knappem Vorsprung. Hans Modrow (SED) wird zum Vorsitzenden des Ministerrates gewählt. Der ehemalige Ministerrat und sein Vorsitzender Willi Stoph werden abberufen.
– 200 000 Bürger verlangen auf der Montagsdemonstration in Leipzig freie Wahlen, Verzicht der SED auf ihren Führungsanspruch und den Rücktritt belasteter Funktionäre.

14. November

– Auf der 11. Tagung des ZK der SED wird die Einberufung eines Außerordentlichen Parteitages vom 15. bis 17. Dezember beschlossen.
– Ministerpräsident Modrow verhandelt über die Bildung einer Koalitionsregierung.

15. November

– Seit dem 9. November, dem Tag der Öffnung der Grenze zur BRD und zu Westberlin, wurden 7,7 Millionen Reisevisa erteilt.

– Der Generalstaatsanwalt der DDR beantragt Kassation des gegen Walter Janka und andere wegen Staatsverbrechen ergangenen Urteils.

16. November

– Wie ADN mitteilt, werden alle Sonderjagdgebiete mit sofortiger Wirkung aufgelöst.

– Ein Konsultations- und Informationszentrum des ZK der SED nimmt seine Arbeit auf.

– Seit dem 9. November wurden 8,6 Millionen Visa an DDR-Bürger erteilt. 14 669 erhielten die Genehmigung zur ständigen Ausreise.

17. November

– Die DDR-Volkskammer tritt zu ihrer 12. Tagung zusammen. Ministerpräsident Hans Modrow gibt seine Regierungserklärung ab. Er plädiert für grundlegende Reformen in der DDR und für eine Vertragsgemeinschaft mit der BRD. In seiner Regierungserklärung schlägt er zugleich vor, anstelle des Ministeriums für Staatssicherheit (MfS) ein Amt für Nationale Sicherheit zu bilden. Die SED-Fraktion übermittelt der Tagung den Antrag von 27 Abgeordneten aus ihren Reihen auf Niederlegung ihres Mandats.

– NVA-Angehörige arbeiten im Verkehr, im Handel und in der medizinischen Betreuung der Bürger mit.

– Fast 480 000 DDR-Bürger reisen an diesem Tag nach Westberlin und in die BRD. Es kommt zu chaotischen Verkehrsverhältnissen. Westberlins Bürgermeister Walter Momper appelliert an alle Fahrzeughalter aus der DDR, auf Pkw-Fahrten zu verzichten. Seit dem 9. November wurden 9,5 Millionen Visa erteilt.

18. November

– Die Volkskammer der DDR wählt mit großer Mehrheit die Mitglieder der Koalitionsregierung Modrow. Erstmals sind drei Frauen im Ministerrat. Der Generalstaatsanwalt der DDR Günter Wendland erstattet dem Parlament einen vorläufigen Bericht über Ergebnisse der Überprüfung der Übergriffe der Sicherheitsorgane bei den Demonstrationen im Oktober.

19. November

– Über drei Millionen DDR-Bürger besuchen an diesem zweiten Wochenende seit Grenzöffnung Westberlin und die BRD.

20. November

– Hans Modrow und Egon Krenz treffen im Staatsrat der DDR mit BRD-Kanzleramtsminister Rudolf Seiters zusammen. Bilaterale Beziehungen und die Vorbereitung des Besuches von Helmut Kohl stehen im Mittelpunkt der Gespräche.

– Im Hause des ZK der SED beginnen Podiumsgespräche zu aktuellen Fragen der Entwicklung der SED und des Landes.

– Seit Anfang November haben sich fast 100 000 Übersiedler aus der DDR beim Bundesgrenzschutz gemeldet. Seit Anfang des Jahres werden 270 000 DDR-Übersiedler registriert.

21. November

– DDR-Premier Hans Modrow besucht erstmals unangemeldet einen Betrieb, den Stammbetrieb des Kombinates EAW »Friedrich Ebert«, und spricht mit Arbeitern.

– Der Chef des Bundeskanzleramtes der BRD, Rudolf Seiters, spricht in Berlin mit kirchlichen und oppositionellen Vertretern.

– Seit der Öffnung der Staatsgrenze werden an den Grenzübergangsstellen etwa fünf Millionen Besucher in Westberlin und in der BRD gezählt. 42 000 Übersiedler sind im gleichen Zeitraum registriert.

23. November

– Der Ministerrat der DDR beschließt Maßnahmen gegen Spekulanten und Schieber.

– DDR-Journalisten erhalten erstmals die Möglichkeit, die Waldsiedlung von Wandlitz zu besichtigen.

– Die Zentrale Parteikontrollkommission schließt Günter Mittag aus der Partei aus. Sie leitet Parteiverfahren gegen Erich Honecker, Hans Albrecht (ehemaliger erster Bezirkschef der SED in Suhl) und Dieter Müller (Karl-Marx-Stadt) ein. Die durchgehende Mitgliedschaft Walter Jankas in der SED wird wieder hergestellt. Der 1957 gefaßte Beschluß, ihn aus der Partei auszuschließen, beruhe auf falschen Anschuldigungen, heißt es. (Walter Janka ist seit 1972 wieder Mitglied der SED.)

– Das »Neue Forum« wendet sich in einem Flugblatt gegen einen Mißbrauch der offenen Grenze und fordert: Beteiligt euch nicht am Ausverkauf unseres Landes.

– ND informiert über die Jagdhütte des ehemaligen Erfurter Bezirkschefs der SED, Gerhard Müller, die den Forstarbeitern zurückgegeben wird.

– Die Forderung der Bewegung »Demokratie Jetzt« nach Diskussionen am Runden Tisch werden von der SED unterstützt. Am Runden Tisch sollen sowohl die etablierten Parteien wie auch die oppositionellen Bewegungen Platz finden.

24. November

– Hans Modrow trifft sich mit Österreichs Bundeskanzler Franz Vranitzky. Eine intensive wirtschaftliche Kooperation für das kommende Jahr wird beschlossen.

– Die »Grüne Partei« der DDR formiert sich.

– Der Zentralrat der FDJ wählt Frank Türkowsky zum neuen 1. Sekretär. Eberhard Aurich war auf eigenen Wunsch hin abgewählt worden.

– Der Minister für Handel und Versorgung teilt weitere Ergänzungen zum Ausfuhrverbot von Waren mit, um die negativen Auswirkungen des Reiseverkehrs zu dämpfen.

– Seit der Grenzöffnung haben 2,8 Millionen DDR-Bürger etwa 200 Millionen DM an Reisezahlungsmitteln erworben.

– ND berichtet über ein Jagdschloß von Harry Tisch in »seinem« Eixener Wald.

25. November

– Dem Außerordentlichen Parteitag der SED liegen bisher über 7 500 Anträge vor.

26. November

– BRD-Generalbundesanwalt Martin Rebmann erklärt, der Haftbefehl gegen Markus Wolf, Schriftsteller und früher Chef der Aufklärung im ehemaligen Ministerium für Staatssicherheit der DDR, bleibe weiterhin bestehen.

27. November

– Egon Krenz spricht mit dem DKP-Vorsitzenden Herbert Mies. Die BRD-Kommunisten zeigen sich erschüttert über die Krise in der DDR, begrüßen aber gleichzeitig die Wende.

28. November

– Namhafte Persönlichkeiten der DDR, unter anderen Volker Braun, Stefan Heym und Christa Wolf, richten einen Appell »Für unser Land« an die Bürger, in dem sie für die Chance zu einer sozialistischen Alternative zur BRD eintreten.

– Wolfgang Meyer, Sprecher der Regierung, dementiert Berichte, wonach in der DDR bereits mehrere Ortskomitees der neonazistischen Republikaner existieren.

– Auf der ersten demographischen Konferenz der DDR wird mitgeteilt: Seit dem Bau der Mauer 1961 haben etwa 800 000 DDR-

Bürger ihr Land verlassen. Seit der Gründung der DDR waren es insgesamt 3,4 Millionen Menschen.
– Das Politbüro des ZK der SED tagt zur Vorbereitung des Außerordentlichen Parteitages.
– BRD-Kanzler Helmut Kohl legt im Bundestag der BRD ein »10-Punkte-Programm zur Deutschlandpolitik« mit dem Ziel der Wiedervereinigung vor.

29. November

– Die Zentrale Parteikontrollkommission faßt Beschlüsse zur Rehabilitierung von Lex Ende, Robert Havemann und Rudolf Herrnstadt, die in den 50er Jahren wegen angeblicher fraktioneller Tätigkeit aus der Partei ausgeschlossen wurden.
– Der neue Entwurf eines Reisegesetzes wird in der Presse vorgestellt.
– Das »Sortiment« der Verkaufsstelle von Wandlitz/Waldsiedlung, heimlich vor dem Journalisten-Besuch fortgebracht, wird in einem Bohnsdorfer Zweiglager entdeckt.
– ND berichtet über ein Anwesen von Willi Stoph im Naturschutzgebiet östlich der Müritz.

1. Dezember 1989

– Die Volkskammer der DDR tritt zu ihrer 13. Tagung zusammen. Aus dem Artikel 1 der Verfassung wird die Führungsrolle der SED gestrichen. Der Untersuchungsausschuß von Korruption und Amtsmißbrauch erstattet einen Bericht. Danach hat Erich Honecker als »Ehrenmitglied« der Bauakademie der DDR jährlich 20 000 Mark an »Ehrenhonorar« erhalten. Die Volkskammer revidiert die offizielle Haltung zur Teilnahme der DDR beim Einmarsch von Truppen des Warschauer Vertrages 1968 in die ČSSR und spricht ihr Bedauern dazu aus. Das Reisegesetz wird in erster Lesung behandelt.
– Gegen den ehemaligen SED-Bezirkschef von Erfurt, Gerhard Müller, wird ein Ermittlungsverfahren eingeleitet.

3. Dezember

– Außerordentliche Tagung des ZK der SED: Das Zentralkomitee und das Politbüro treten zurück. Zur Vorbereitung des Außerordentlichen Parteitages formiert sich ein Arbeitsausschuß unter dem Vorsitz von Herbert Kroker.
– Der Generalstaatsanwalt erläßt gegen Günter Mittag, Harry Tisch, Gerhard Müller und Hans Albrecht Haftbefehl.
– Der Botschafter der DDR in Polen bittet über das polnische

Fernsehen um Verständnis für die Zoll- und Handelsmaßnahmen der DDR.

– Eine Menschenkette quer durch die DDR bekundet den Willen Hunderttausender nach Erneuerung der Gesellschaft.

– Der bisherige Staatssekretär im Ministerium für Außenhandel Alexander Schalck-Golodkowski taucht außerhalb der DDR unter und ersucht Rechtsanwalt Wolfgang Vogel um Rechtsbeistand.

– Vor dem Gebäude des ZK demonstrieren SED-Mitglieder für energische Schritte ihrer Führung.

– Eine Bürgerinitiative im Bezirk Rostock enttarnt in Kavelstorf ein Waffenlager der Firma IMES GmbH.

4. Dezember

– Das Präsidium des CDU-Hauptvorstandes erklärt seine Mitarbeit im Zentralen Demokratischen Block für beendet. Andere Parteien folgen. Der Block existiert damit nicht mehr.

– Angesichts zunehmender Gefahr von Gewaltakten und Selbstjustiz durch den wachsenden Zorn nach Enthüllungen über Korruption und Amtsmißbrauch richten Persönlichkeiten des Landes einen Appell der Vernunft an die Bürger der DDR.

5. Dezember

– Ministerpräsident Hans Modrow trifft mit Kanzleramtsminister Rudolf Seiters zusammen. Absprachen für einen gemeinsamen Währungsfonds zur Finanzierung von Valutamitteln für DDR-Bürger werden getroffen. Für BRD-Bürger und Westberliner entfällt ab Ende des Jahres der Mindestumtausch.

– Die Firmen VW (BRD) und IFA (DDR) geben ihre Absicht bekannt, gemeinsam einen Nachfolger für den Trabant zu bauen.

– 120 000 Übersiedler aus der DDR werden in der BRD offiziell als Arbeitslose registriert.

– Das Kollegium des Amtes für Nationale Sicherheit tritt zurück. Der Leiter des Amtes bleibt weiterhin Wolfgang Schwanitz.

– Der Generalstaatsanwalt der DDR erklärt seinen Rücktritt.

6. Dezember

– Der Staatsrat der DDR tagt. Egon Krenz tritt als Vorsitzender zurück und legt ebenfalls die Funktion des Vorsitzenden des Nationalen Verteidigungsrates nieder. Manfred Gerlach (LDPD) übernimmt den amtierenden Vorsitz im Staatsrat. Ein Beschluß über Amnestie wird gefaßt.

– Das Bildungsministerium gibt bekannt: Ab sofort wird an den Sonnabenden kein Unterricht mehr durchgeführt.

– SPD-Ehrenvorsitzender Willy Brandt ruft in Rostock zur Besonnenheit auf.
– Der Dalai Lama weilt zu einem Privatbesuch in Berlin, China protestiert.
– Der stellvertretende Leiter des Bereichs Kommerzielle Koordinierung, Manfred Seidel, wird festgenommen.
– Die DDR erweitert die Fanggebiete in der Lübecker Bucht für Fischer der BRD.
– Der Bauminister annulliert die Ehrenmitgliedschaften von Erich Honecker und Günter Mittag bei der Bauakademie.

7. Dezember

– Der Ministerrat der DDR erörtert die Lage im Land und appelliert an die Bevölkerung, Probleme gewaltlos und im Dialog zu lösen.
– Die erste Beratung am Runden Tisch zwischen Vertretern der fünf Regierungsparteien und den Beauftragten von SDP, Neues Forum, Demokratischer Aufbruch (DA), Demokratie Jetzt, Unabhängiger Frauenverband (UFV), FDGB, Initiative für Frieden und Menschenrechte (IFM), Grüne Partei und Vereinigte Linke findet im Dietrich-Bonhoeffer-Haus statt. Die Vertreter am Runden Tisch schlagen als Wahltermin für die Volkskammer den 6. Mai 1990 vor.
– Der ehemalige Staatssekretär Alexander Schalck-Golodkowski taucht in Westberlin auf, stellt sich den dortigen Justizorganen und wird in Untersuchungshaft genommen.
– Der Präsident des Nationalrates der Nationalen Front der DDR, Lothar Kolditz, tritt zurück.
– Eberhard Aurich, ehemaliger 1. Sekretär des Zentralrates der FDJ, gibt sein Parteitagsmandat zurück.

8. Dezember

– Der Außerordentliche Parteitag der SED nimmt seine Arbeit auf. Gregor Gysi hält das Referat zur Formierung einer neuen Partei. Hans Modrow gibt einen Lagebericht zur Situation im Lande. Die Partei entschuldigt sich bei den Bürgern der DDR.
– Gegen Hermann Axen, Erich Honecker, Werner Krolikowski und Erich Mielke werden Ermittlungsverfahren eingeleitet. Auch gegen den ehemaligen CDU-Vorsitzenden Gerald Götting wird ermittelt.
– Durch die Volkspolizei wird die Sicherung der Zentrale des Amtes für Nationale Sicherheit übernommen.

– Infolge der angespannten Lage auf den Schienenwegen der DDR hat sich ein Wagenstau von 240 Güterzügen entwickelt.

9. Dezember

– Der erste Teil des Außerordentlichen Parteitages der SED wird beendet. Gregor Gysi wird Vorsitzender der Partei. Die SED bricht entschlossen mit der stalinistischen Vergangenheit und orientiert auf einen demokratischen Sozialismus.

– Die 12. Tagung des FDGB-Bundesvorstandes beschließt den Rücktritt des gesamten Bundesvorstandes und des von Annelies Kimmel geleiteten Arbeitssekretariats. Eine Kommission übernimmt bis zum Außerordentlichen FDGB-Kongreß im Januar die Arbeit.

10. Dezember

– Hans Modrow verhandelt in Dresden mit Baden-Württembergs Ministerpräsidenten Lothar Späth.

11. Dezember

– Die Botschafter der vier alliierten Siegermächte treffen sich erstmals wieder nach 18 Jahren im alliierten Kontrollratsgebäude in Westberlin, um die aktuelle Entwicklung in der DDR zu beraten.

– Seit Jahresbeginn haben 317 548 DDR-Bürger das Land verlassen.

– Der ehemalige Staatssekretär Alexander Schalck-Golodkowski, der weiterhin in Westberliner Untersuchungshaft sitzt, bittet um ein faires Verfahren gegen ihn. Da ihm das in der DDR nicht gewährleistet scheint, will er nicht dahin überstellt werden.

– In Leipzig findet die 10. Montagsdemonstration zur demokratischen Erneuerung des Landes statt. Immer lauter werden Rufe nach Wiedervereinigung.

– Die Schußwaffen aus dem Besitz ehemaliger SED-Funktionäre werden eingezogen.

– Die DDR stellt die kommerziellen Waffenlieferungen nach Äthiopien ein.

12. Dezember

– In Potsdam trifft Hans Modrow mit USA-Außenminister James Baker zusammen.

– Gregor Gysi gibt als Parteivorsitzender der SED eine erste Pressekonferenz und betont: Die Partei will die politische Heimat aller Werktätigen sein.

– Hans Modrow und Walter Momper konferieren in Berlin.

– Der Aufruf zur Gründung eines jüdischen Kulturvereins wird in Berlin veröffentlicht.
– Das »Neue Forum« spricht sich gegen Gewaltakte aus.
– Der ehemalige NDPD-Vorsitzende Heinrich Homann weist Vorwürfe des Amtsmißbrauchs zurück.
– Das DTSB-Präsidium tritt zurück.

13. Dezember

– Etwa 20 000 Soldaten der NVA sind in der Volkswirtschaft tätig.
– Die SDP (DDR) und die SPD (BRD) bilden einen gemeinsamen Kontaktausschuß.

14. Dezember

– Die DDR nimmt erste Kontakte mit dem Internationalen Währungsfonds (IWF) auf.
– Das Kabinett Modrow dankt Bürgern der DDR für ihre aufopferungsvolle Arbeit und verurteilt Gewalt, die den demokratischen Prozeß der Erneuerung gefährdet.
– Nach einer Mitteilung leben in der DDR 6,2 Millionen Christen, das sind 37,4 Prozent der Bevölkerung.
– Die Bürgerbewegung »Demokratie Jetzt« legt einen Drei-Stufen-Plan zur nationalen Einheit vor.

15. Dezember

– Die Regierung legt einen Beschluß zur Auflösung der Kampfgruppen vor.
– Der Sonderparteitag der CDU beginnt.

16. Dezember

– Der Außerordentliche Parteitag der SED setzt seine Beratungen fort.
– In Berlin veröffentlichen Persönlichkeiten der DDR einen Appell zur Bewahrung der Freundschaft mit dem polnischen Volk.
– Dem ehemaligen Vorsitzenden der CDU, Gerald Götting, werden Finanzverstöße von 1,2 Millionen Mark nachgewiesen.
– Die »Demokratische Bauernpartei Deutschlands« (DBD) veröffentlicht programmatische Leitsätze.

17. Dezember

– Der Außerordentliche Parteitag der SED gibt der Partei den Namen »Sozialistische Einheitspartei Deutschlands – Partei des Demokratischen Sozialismus« (SED-PDS).
– Die Regierung gibt die Auflösung des Amtes für Nationale Sicherheit und die Bildung eines Nachrichtendienstes und eines Organs für Verfassungsschutz bekannt.

– Der Sonderparteitag der CDU beendet seine Arbeit. Sie versteht sich als eine christliche Volkspartei mit dem Ziel der nationalen Einheit und gegen den Sozialismus.
– Der »Demokratische Aufbruch« wählt Wolfgang Schnur zu seinem Vorsitzenden.

18. Dezember

– In Berlin findet die zweite Beratung am Runden Tisch statt.
– 150 000 Leipziger beenden mit einer stillen Demonstration die Protestkundgebungen des Jahres, die im Januar wieder aufgenommen werden sollen.
– Die jüdische Gemeinde Adass Jisroel wird von der Regierung der DDR wieder in ihre ursprünglichen Rechte eingesetzt, die ihr die Faschisten genommen hatten.
– Das Warenangebot von Wandlitz/Waldsiedlung, nach der Entdeckung versiegelt, wird für den Bevölkerungsbedarf freigegeben.
– Das ehemalige Politbüromitglied Herbert Häber erklärt, seine ärztliche Behandlung im Regierungskrankenhaus im Jahre 1985/1986 sei korrekt gewesen. Zuvor hatte er in einem Fernsehinterview den Eindruck zu erwecken versucht, die Ärzte des Krankenhauses hätten sich für politische Ziele mißbrauchen lassen, um ihn mundtot zu machen.
– Zum ersten Mal wird in der Presse ein maskierter Banküberfall in der DDR vermeldet. Unbekannte Täter waren in eine Schweriner Bank eingedrungen und hatten 170 000 Mark erbeutet.

19. Dezember

– Ministerpräsident Hans Modrow und Bundeskanzler Helmut Kohl treffen sich in Dresden und beraten Schritte auf dem Weg zu einer Vertragsgemeinschaft.
– In Berlin demonstrieren 50 000 junge Leute für eine eigenständige DDR.
– Die statistische Zentralverwaltung spricht in ihrer Monatsanalyse zur Planerfüllung im November erstmals von einem beunruhigenden Ergebnis. So trat bei der industriellen Warenproduktion ein Rückgang um 2,5 Prozent auf.
– Die »Dresdner Bank« will in Dresden eine Zweigstelle eröffnen.
– Der Feriendienst des FDGB soll ab 1. Januar 1990 zum Reisebüro der Gewerkschaften neu profiliert werden.

20. Dezember

– François Mitterrand, Frankreichs Staatspräsident, trifft zu einem Staatsbesuch in der DDR ein und wird vom amtierenden Staatsratsvorsitzenden Manfred Gerlach empfangen.

– Die SED-PDS fordert die rumänische Führung auf, die blutige Gewalt gegen das Volk sofort zu beenden.

– Hans Modrow besucht die Kumpel der Tagebaue Welzow und Lübbenau.

– Margot Honecker stellt sich dem Untersuchungsausschuß der Volkskammer zur Überprüfung von Korruption und Amtsmißbrauch. Sie wendet sich gegen »ungerechtfertigte Beschuldigungen« und bekennt sich zu persönlicher Verantwortung für Fehler, die unter ihrer Leitung im Bereich der Volksbildung gemacht wurden.

– In Dresden trifft BRD-Kanzler Helmut Kohl mit Bischöfen und Vertretern der Oppositionsbewegung in der DDR zusammen. Zahlreiche Bürger demonstrieren für eine Wiedervereinigung.

21. Dezember

– François Mitterrand besucht Leipzig. In Berlin führt er Gespräche mit Gregor Gysi. Mehrere Regierungsabkommen DDR–Frankreich werden unterzeichnet.

– Der Devisenfonds DDR–BRD, mit dem DDR-Bürger ab 1. Januar Valutamittel erwerben können, ist besiegelt.

– Im Prozeß gegen den VP-Angehörigen Horst L. im Zusammenhang mit dem Vorgehen der Polizei um den 7. Oktober hebt das Stadtgericht Berlin das Urteil auf, nachdem der Staatsanwalt Protest und der Angeklagte Berufung eingelegt hatten.

– Der Bericht der Untersuchungskommission an den Außerordentlichen Parteitag der SED-PDS wird auszugsweise im ND veröffentlicht. Danach besaß die Familie Honecker unter anderem 14 Pkw.

22. Dezember

– Das Brandenburger Tor Unter den Linden ist offen: Ein weiterer Schritt zur Normalisierung und zum friedlichen Miteinander in Europa ist getan.

– Gregor Gysi besucht das Eisenhüttenkombinat Ost.

– François Mitterrand beendet seinen Staatsbesuch in der DDR.

– Das Ehepaar Honecker weist den öffentlich erhobenen Vorwurf zurück, es habe 14 Privatfahrzeuge besessen. Richtig sei, so heißt

es in einer Erklärung, daß nur ein Pkw »Wartburg« ihr Eigentum sei.
– Die DDR-Regierung begrüßt den Sturz des Ceauşescu-Regimes, und der Staatsrat der DDR aberkennt Ceauşescu den von Erich Honecker verliehenen Karl-Marx-Orden.

24. Dezember

– Bürger der BRD und Westberlins können erstmals visafrei in die DDR reisen.

25. Dezember

– Im Berliner Schauspielhaus dirigiert Leonard Bernstein Beethovens IX. Sinfonie. Das Konzert wird in 21 Länder der Erde übertragen.

26. Dezember

– Mehr als 1,5 Millionen Deutsche aus Ost und West nutzen die Feiertage zu einem Besuch der anderen Seite.
– Aus verschiedenen Teilen des Landes setzen sich Lkw-Konvois in Bewegung, um Solidaritätsgüter nach Rumänien zu bringen.

27. Dezember

– Der Runde Tisch tagt erstmals im Schloß Niederschönhausen. Künftig sollen zu allen Beratungen kompetente Regierungsvertreter eingeladen werden. In einer Erklärung warnen die Teilnehmer vor einer Rechtsentwicklung in der DDR.
– Die NDPD erläutert das Profil ihrer Partei und versteht sich als eine Bewegung der Mitte.
– Professor Kurt Masur wird zum Ehrenbürger der Stadt Leipzig ernannt.
– Wie ADN mitteilt, wird von der Firma Limex-Bau Export-Import der Verkauf von Teilen der Berliner Mauer mit Echtheitssiegel übernommen.

28. Dezember

– In der Nacht vom 28. zum 29. Dezember schänden unbekannte Täter das sowjetische Ehrenmal in Berlin-Treptow. Regierungssprecher Wolfgang Meyer verurteilt die Schmierereien.
– In einem Schreiben an die Teilnehmer des Runden Tisches lädt Volkskammerpräsident Günther Maleuda je zwei Vertreter der oppositionellen Bewegungen zu den Beratungen der Volksvertretung ein. Auch in den Ausschußsitzungen sollen die Oppositionskräfte des Runden Tisches präsent sein.
– Das »Neue Forum« veröffentlicht den Entwurf eines Programms. Es versteht sich weiterhin als Bürgerbewegung und nicht

als politische Partei, ist aber bereit, politische Verantwortung für das Land mitzutragen.

29. Dezember

– In einem ND-Gespräch wird mitgeteilt, daß in der DDR etwa 250 000 Arbeitsplätze unbesetzt sind und dieses Problem zu einer kritischen Situation in einigen Bereichen geführt habe.

30. Dezember

– Der amtierende Staatsratsvorsitzende der DDR, der Präsident der Volkskammer und der Vorsitzende des Ministerrates wenden sich in einer Botschaft zum neuen Jahr an die Bürger des Landes. Mut zum verantwortungsbewußten Handeln sei die erste Bürgerpflicht, heißt es darin.

– In Karl-Marx-Stadt bildet sich ein Gründungsausschuß für die »Deutsche Forumpartei« (DFP).

31. Dezember

– Hunderttausende Berliner auf beiden Seiten der Grenze feiern die Silvesternacht am Brandenburger Tor. Der Ausgang des Festes ist tragisch: Ein Toter, zahlreiche Verletzte und vandalische Zerstörungen an der Quadriga, dem Wahrzeichen auf dem Brandenburger Tor.

1. Januar 1990

– In Gera wird die Schändung eines sowjetischen Ehrenhains bekannt.

– Der Landessprecherrat des »Neuen Forums« betont, daß die Vereinigung eine Bürgerbewegung bleiben will.

– Die DDR verbietet die Einfuhr von Elfenbein.

– 5,2 Millionen Reisende haben in den letzten beiden Dezembertagen die Grenze zwischen der DDR und der BRD passiert.

– Die »Vereinigte Linke« spricht sich in einer Presseerklärung gegen übereilte Veränderungen des Wirtschafts- und Sozialgefüges aus.

– Im Mansfeld Kombinat wird die Bessemerei und Kontaktanlage wegen der hohen Umweltbelastungen stillgelegt.

2. Januar

– ČSSR-Präsident Vaclav Havel trifft, vier Tage nach seiner Amtseinführung, zu seiner ersten Auslandsvisite in der DDR ein und wird von Premier Hans Modrow und dem amtierenden Staatsratsvorsitzenden Manfred Gerlach empfangen.

– Ministerpräsident Hans Modrow berät sich in Berlin mit Vertre-

tern des Runden Tisches. Das »Neue Forum« hat seine Teilnahme dabei abgesagt.
– In Westberlin werden für 1989 fast 1 000 Drogentote registriert.
– In Pirna werden Wände mit neofaschistischen Losungen beschmiert.
– Das Ministerium für Gesundheitswesen informiert: Aus der Waldsiedlung in Wandlitz wird ab Februar 1990 ein Rehabilitationssanatorium. Die Einrichtung bietet jeweils 400 Patienten Aufenthalt.
– Das ehemalige ZK-Heim in Baabe stellt sich erstmals Besuchern als »Cliff-Hotel« vor.
– Das Ministerium für Arbeit und Löhne teilt mit, Jahresendprämien werden auch bei Nichterfüllung des Plans gezahlt.

3. Januar

– Hunderttausende Berliner demonstrieren am Treptower Ehrenmal gegen Neofaschismus. Die Schänder des Ehrenhains in Gera sind ermittelt.
– Für die Zulassung zu einem Hochschulstudium werden neue Kriterien festgelegt. Nicht weltanschauliches Bekenntnis, sondern Fachkenntnis soll die Entscheidung beeinflussen.
– Die Volkspolizei beschlagnahmt in Leipzig Flugblätter der Republikaner (BRD).
– Am fünften Runden Tisch wird die Auslandsverschuldung der DDR mit 20,6 Milliarden Dollar angegeben. Dem stehen 7 bis 9 Milliarden Dollar an Guthaben gegenüber.
– Die CDU der DDR gibt eine Erklärung gegen neofaschistische Umtriebe ab.

4. Januar

– Der zeitweilige Untersuchungsausschuß der Volkskammer zur Überprüfung von Amtsmißbrauch und Korruption hört unter anderen Kurt Hager und Horst Sindermann und teilt mit, daß die Haftfähigkeit von Erich Honecker durch eine unabhängige Ärztekommission geprüft wird.
– Das Oberste Gericht der DDR eröffnet die Kassationsverhandlung zu Walter Janka, der 1957 in einem Terrorprozeß verurteilt worden war.
– Das ehemalige Amt für Nationale Sicherheit übergab dem Staat bis zu diesem Zeitpunkt 364 Objekte vor allem im Sozialbereich wird mitgeteilt.

– Eine »Freie Deutsche Union« (FDU) stellt sich als neue Partei in Rostock vor.
– Ein Gründungsausschuß der Freien Demokratischen Partei (F. D. P.) wird in Berlin gebildet.
– Die »Grüne Partei« gibt ihren Parteitag für Februar bekannt.
– Vor der Mülldeponie Ketzin protestieren Bürger gegen Müllimporte aus Westberlin und der BRD.

5. Januar

– Regierungssprecher Wolfgang Meyer teilt auf einer Pressekonferenz mit, daß künftig der Grundwehrdienst nur noch zwölf Monate beträgt.
– Premier Hans Modrow konferiert in Berlin mit BRD-Wohnungsbauministerin Gerda Hasselfeldt.
– Das Urteil gegen Walter Janka und andere wird aufgehoben.
– Die Pressestelle des Generalstaatsanwaltes teilt mit, daß Erich Honecker haftunfähig ist.

6. Januar

– Die 1949 geschaffene DDR-Hymne wird erstmals wieder im Rundfunk mit dem Text von Johannes R. Becher ausgestrahlt. Der Text wurde wegen der Zeile: »Deutschland einig Vaterland« nicht mehr gesungen.
– In der NVA gilt nunmehr die Anrede »Herr«, das »Genosse« ist abgeschafft.
– Die SED-PDS beruft für den 17. und 18. März ihren Wahlparteitag ein.
– Die Mitarbeiterzahl des ehemaligen Ministeriums für Staatssicherheit (MfS) wird mit 85 000 angegeben.
– In Leipzig wird die neue Partei CSU/FDU gebildet.
– Die erste Volksbaukonferenz legt in Leipzig Pläne zur Sanierung der Messestadt vor.
– In Berlin gründet sich eine »Unabhängige Volkspartei« (UVP).

7. Januar

– In Karl-Marx-Stadt erklärt die »Deutsche Forumpartei«, sie bleibe eigenständig. Die Landesdelegiertenkonferenz des »Neuen Forum« bekräftigt in Berlin nochmals ihren Status als Bürgerbewegung.

8. Januar

– Die sechste Tagung des Runden Tisches wird vorzeitig unterbrochen, als Vertreter oppositioneller Gruppen ultimativ das Er-

scheinen von Premier Hans Modrow fordern. Dieser befindet sich zu dieser Zeit auf dem Flug zur RGW-Tagung.
– In Leipzig findet nach der Pause zum Jahreswechsel wieder eine Montagsdemonstration statt. Damit wird einer Bitte christlicher Kreise nicht entsprochen, bei den Begegnungen auf dem Leipziger Ring auf Demonstrationen zu verzichten. Immer wieder werden Rufe laut wie »Deutschland einig Vaterland«, »Gysi weg«, »Modrow weg«, »Nieder mit der SED«.
– In Berlin werden erneut neonazistische Schmierereien festgestellt.
– In Suhl streiken Werktätige gegen Ausgleichszahlungen für ehemalige MfS-Angehörige.

9. Januar

– Der ehemalige DDR-Staatssekretär Alexander Schalck-Golodkowski wird aus der Westberliner Untersuchungshaft entlassen und taucht unter.
– Japans Premier Toshiki Kaifu weilt zu einem Kurzbesuch in Berlin und besucht das Brandenburger Tor.
– Bundespräsident Richard von Weizsäcker gemahnt mit Blick auf die Veränderungen in Osteuropa zur Besonnenheit.
– SED-PDS-Vorsitzender Gregor Gysi besucht Plauen und Karl-Marx-Stadt.
– Die NDPD begrüßt die Abweisung des BRD-Republikanerchefs Schönhuber an der DDR-Grenze.
– Die ehemaligen Politbüromitglieder Eberlein und Mückenberger sagen vor dem Volkskammerausschuß zur Untersuchung von Amtsmißbrauch und Korruption aus.
– Egon Krenz legt sein Mandat in der Volkskammer nieder.
– Umweltminister Hans Reichelt erklärt seinen Rücktritt.
– Die ehemalige stellvertretende FDGB-Vorsitzende Johanna Töpfer verstarb am vergangenen Wochenende, melden die DDR-Zeitungen.

10. Januar

– Noch immer werden täglich über 1 000 Übersiedler aus der DDR in die BRD gezählt.
– Erich Honecker wird wegen eines bösartigen Tumors an der rechten Niere operiert.
– Generalmajor Dieter Winderlich wird neuer Chef der Deutschen Volkspolizei.

– Die Berliner Industrie teilt mit, daß sie über 21 300 freie Arbeitsstellen verfügt.

11. Januar

– Ministerpräsident Hans Modrow gibt vor der Volkskammer eine Erklärung der Koalitionsregierung ab. Das Parlament bestätigt den 6. Mai als Termin der Volkskammerwahlen.

– Vor dem Haus der Volkskammer wird die Flagge der DDR geschändet.

– Mit einem einstündigen Warnstreik fordern Berliner Bauarbeiter die sofortige Auflösung des Amtes für Nationale Sicherheit.

12. Januar

– Die Tagung der Volkskammer wird fortgesetzt und spricht Premier Hans Modrow das Vertrauen aus.

– Eine dreitägige Landeskonferenz der SDP nimmt in Berlin ihre Beratung auf.

– Die SED-PDS delegiert wieder Studenten an Bildungseinrichtungen der KPdSU.

– Die DDR teilt mit, daß sie im Laufe des Jahres 1990 einige diplomatische Vertretungen aus Kostengründen schließen muß.

14. Januar

– Über drei Stunden lang demonstrieren Hunderttausende Berliner zur Gedenkstätte der Sozialisten zu Ehren von Rosa Luxemburg und Karl Liebknecht. Weitere Kundgebungen der Sozialdemokraten und der »Vereinigten Linken« finden in Berlin statt.

– Die Sozialdemokraten der DDR geben sich die offizielle Bezeichnung Sozialdemokratische Partei Deutschlands (SPD).

– Die marxistische Partei »Die Nelken« gründet sich in Berlin.

– Die SED-PDS überführt Betriebe der Partei, Druckereien und Verlage, in Volkseigentum.

– Nach einer Kundgebung in Magdeburg wird gegen das Gebäude des Bezirksvorstandes der SED-PDS gewaltsam vorgegangen.

15. Januar

– Höhere Preise für Kindertextilien treten in Kraft. Gleichzeitig wird rückwirkend von Januar an das staatliche Kindergeld erhöht.

– In Berlin tagt der siebente Runde Tisch zur inneren Sicherheit und zum Wahl- und Mediengesetz. Die Sitzung wird am Nachmittag unterbrochen, als bekannt wird, daß die ehemalige Zentrale des MfS in Berlin gestürmt wurde.

– Der Sturm auf das MfS-Gebäude führt zu erheblichen Beschädi-

gungen. Die Regierung wendet sich in einem Appell an die Bürger der DDR mit der Mahnung zur Besonnenheit.
– In verschiedenen Bezirken der DDR gehen Hunderttausende auf die Straße. Die Schärfe der Forderungen nimmt zu, Intoleranz wächst.
– In mehreren Betrieben finden Warnstreiks mit Forderungen nach schnellerer Demokratisierung statt.
– Im Hause der ehemaligen SED-Kreisleitung Berlin-Mitte finden neue Parteien und Bewegungen ein Quartier. Das Gebäude trägt nunmehr den Namen »Haus der Demokratie«.
– Der traditionelle Neujahrsempfang des Diplomatischen Corps endet mit den Wünschen der Diplomaten, das Jahr 1990 zu einem Jahr echter Abrüstung zu machen.

16. Januar

– In der DDR häufen sich Gewalt und anonyme Bombendrohungen.
– Das Finanzministerium wendet sich gegen Spekulationen im Zusammenhang mit Mietpreiserhöhungen.
– In verschiedenen Betrieben der DDR finden Warnstreiks für eine schnelle Umgestaltung der DDR statt.
– Die SPD spricht sich mit einer Erklärung gegen Gewalttätigkeiten aus.
– In Berlin streiken Bauarbeiter und Milchwagenfahrer.

17. Januar

– Erstmals treffen führende Militärs der NVA und der Bundeswehr in Wien zusammen, um über gemeinsame Sicherheitsstrategien zu beraten.
– Die stellvertretende Ministerpräsidentin Christa Luft tritt bei einer Visite in Bonn für einen vertraglich geregelten Wirtschaftsverbund mit der BRD ein.
– DPA meldet, daß im Zusammenhang mit dem Übersiedlerstrom aus der DDR etwa 20 000 Väter ihre Familien verlassen haben.
– Vor dem zeitweiligen Berliner Untersuchungsausschuß zu den Ereignissen um den 7. Oktober sagen Egon Krenz, Günter Schabowski und Wolfgang Herger aus: Die Befehle zur Gewalt kamen von Honecker und Mielke.
– In der DDR sind 154 Vereinigungen offiziell registriert.
– Aus CDU-Kreisen werden Verlautbarungen bekannt, wonach die CDU beabsichtige, die Koalitionsregierung Modrow zu verlassen.

– Die LDPD und die DBD betonen, daß sie ihre Verantwortung in der Koalition weiter wahrnehmen werden.

18. Januar

– Auf der Tagung des Ministerrates wird noch einmal die Verpflichtung der Regierung Modrow unterstrichen, bis zu den Wahlen die Verantwortung für das Land zu tragen.

– Der achte Runde Tisch erzielt Übereinstimmung zu Fragen der öffentlichen Sicherheit in der DDR. Die Schaffung eines Medienkontrollrates wird empfohlen.

– Das Bundesland Nordrhein-Westphalen hat seine Müllexporte in die DDR gestoppt.

– In Leipzig konstituiert sich die »Freiheitliche Partei Deutschlands« (FPD).

– In Berlin erscheint der Aufruf zur Gründung einer Marxistisch-Leninistischen Arbeiterpartei.

19. Januar

– Eine Mehrheit des CDU-Präsidiums hat sich für den Verbleib in der Regierung Modrow ausgesprochen.

– Der LDPD-Vorstand spricht sich ebenfalls für die bestehende Regierungsverantwortung aus.

– Die Mehrheit der Berliner Basis der SED-PDS wendet sich gegen die Auflösung der Partei.

– Der stellvertretende SED-PDS-Vorsitzende Wolfgang Berghofer erklärt, die Partei werde nach den Wahlen in die Opposition gehen. (Über seinen weiteren Verbleib in der Partei mehren sich Gerüchte.)

– Der langjährige Fraktionsvorsitzende der BRD-SPD, Herbert Wehner, stirbt im Alter von 83 Jahren.

– Eine Kommandeurstagung der NVA berät über die Situation in den Streitkräften der DDR.

– Bei der Staatsbank der DDR sind bisher 41 000 DM-Sparkonten eingerichtet.

– Warnstreiks in einigen Städten der DDR, vor allem medizinisches Personal und Kraftfahrer nehmen daran teil.

– Die Wittenberger Gruppe des »Demokratischen Aufbruchs« erklärt, sie werde sich der SPD anschließen. Zu ihr gehört Pfarrer Friedrich Schorlemmer.

– Die »Frankfurter Rundschau« teilt mit, der Bundesnachrichtendienst kenne das Versteck von Alexander Schalck-Golodkowski.

20. Januar
– Vierzehn ehemalige Mitglieder der Parteiführung der SED werden aus der Partei ausgeschlossen. Neben dem letzten Generalsekretär Egon Krenz sind es Hans-Joachim Böhme, Horst Dohlus, Kurt Hager, Joachim Herrmann, Werner Jarowinsky, Heinz Keßler, Inge Lange, Erich Mückenberger, Margarete Müller, Alfred Neumann, Günter Schabowski, Gerhard Schürer und Werner Walde.
– In Neubrandenburg demonstrieren 10 000 Bauern für den Schutz der Rechte der Landbevölkerung.
– In Potsdam konstituiert sich ein sozialdemokratischer Studentenbund.

21. Januar
– Dresdens Oberbürgermeister Wolfgang Berghofer tritt aus der SED-PDS aus.
– In Rostock wird ein jüdischer Friedhof geschändet.
– CDU-Vorsitzender Lothar de Maizière spricht sich für eine große Koalition zwischen den alten und den neuen am Runden Tisch vertretenen Parteien bis zu den Wahlen aus.
– Die erste Landeskonferenz der Bürgerbewegung »Demokratie Jetzt« wendet sich gegen eine übereilte Vereinigung beider deutscher Staaten.
– Der 14. Parteitag der NDPD wählt Wolfgang Glaeser zum neuen Vorsitzenden.
– Der Generalstaatsanwalt teilt mit, daß unter anderen gegen Horst Sindermann Untersuchungshaft verhängt wurde. Es wird wegen verbrecherischer Untreue und Vertrauensmißbrauch ermittelt.

22. Januar
– Bei der neunten Sitzung des Runden Tisches ist ein engeres Zusammenwirken von Regierung und Opposition zu erkennen. Ein Wahlgesetz und die Rolle des ehemaligen MfS stehen im Mittelpunkt der Beratung.
– Es wird mitgeteilt, über 12 000 DDR-Bürger sind in der Vorwoche in die BRD übergesiedelt.
– Im Kreis Grevesmühlen sind 3,2 Kilometer Grenzmauer abgebaut.
– Hunderttausende DDR-Bürger beteiligen sich in mehreren Städten an den Montagsdemonstrationen. Etwa 100 junge Leipzi-

ger werden von militanten Demonstranten durch die Straßen gehetzt, weil sie sich zur DDR bekennen.
– Das Grand-Hotel Berlin übernimmt das ehemalige Honecker-Objekt Nossentiner Heide.
– In Bautzen drohen Strafgefangene mit massenweisem Ausbruch.

23. Januar

– Für das zurückliegende Jahr wird das niedrigste Wirtschaftswachstum der DDR in den 80er Jahren vermeldet.
– Die erste Beratung der Wirtschaftskommission DDR-BRD hat die verstärkte Entwicklung von Klein- und Mittelbetrieben zum Gegenstand.
– Wie die »Bild«-Zeitung schreibt, melden Prinz Michael und Schwester Elisabeth Besitzansprüche auf die Wartburg Eisenach an. Die Hohenzollern zeigen Interesse für Cecilienhof, das einst zu ihrem Besitz gehörte.
– Der VW-Konzern plant Milliarden-Investitionen in der DDR.
– Für Bürger der BRD und Westberlins ist die Einreise in die DDR künftig ohne Zählkarte möglich.
– Die SPD teilt mit, daß sie keine Parteiüberläufer aus der ehemaligen SED wünscht.
– Der NDPD-Vorsitzende Wolfgang Glaeser erklärt seinen Rücktritt.

24. Januar

– Großbritanniens Außenminister Dougles Hurd besucht die DDR-Hauptstadt.
– In Berlin konstituiert sich ein »Grüner Tisch«, der ökologiepolitische Konzepte für die DDR ausarbeiten will.
– Nach wie vor bleibt die Sowjetunion der wichtigste Handelspartner der DDR, wird auf einer Tagung der gemeinsamen Wirtschaftskommission DDR-UdSSR konstatiert.
– In Leipzig demonstrieren 3 000 VP-Angehörige.
– Manfred Gerlach kündigt an, er werde künftig nicht mehr für ein politisches Amt zur Verfügung stehen.
– Die DDR-SPD schlägt vor, Willy Brandt zu ihrem Ehrenvorsitzenden zu wählen.
– Auf Vorschlag des Ministerrates werden folgenden Personen die ihnen verliehenen staatlichen Auszeichnungen aberkannt: Hans Albrecht, Hermann Axen, Hans-Joachim Böhme, Gerald Götting, Erich Honecker, Günther Kleiber, Werner Krolikowski, Erich

Mielke, Günter Mittag, Gerhard Müller, Alexander Schalck-Golodkowski, Willi Stoph und Harry Tisch.
– In Betrieben und Krankenhäusern der DDR finden Warnstreiks für die Durchsetzung von Reformen statt.

25. Januar

– In einer gewaltlosen Aktion wird die Parteihochschule »Karl Marx« von Studenten der Ingenieurhochschule besetzt.
– Die CDU zieht ihre Minister aus der Modrow-Regierung zurück.
– Regierungssprecher Wolfgang Meyer erklärt, für die DDR gelte die Gewerbefreiheit ohne Schranken.
– Im Haus der SED-PDS finden Ökologie-Foren, »Grüne Treffs«, statt.
– Die Mülldeponie Schöneiche wird von Bürgern blockiert.
– Der provisorische Vorstand des neuentstehenden Bundes der Antifaschisten nimmt seine Arbeit auf.
– Der ehemalige Verteidigungsminister Heinz Keßler wird verhaftet.
– Der ehemalige Chefkommentator des DDR-Fernsehens Karl-Eduard von Schnitzler erklärt seinen Austritt aus der SED, nachdem gegen ihn ein Ausschlußverfahren eingeleitet ist.

26. Januar

– Die SED-PDS bleibt bestehen, es gibt keine Kapitulation, sondern radikale Erneuerung. So lautet das Ergebnis einer Beratung des Parteivorsitzenden Gregor Gysi mit den Kreisvorsitzenden.
– Oppositionelle und alte Parteien sprechen sich nach dem Austritt der CDU aus der Regierung für eine Große Koalition aus.
– Ab 1. Februar können DDR-Bürger visafrei nach Österreich reisen, wird mitgeteilt.
– Der japanische Mitsubishi-Konzern teilt mit, daß er für die 90er Jahre den Bau eines neuen Pkw in Zusammenarbeit mit der DDR plant.

28. Januar

– Die Wahlen zur Volkskammer finden bereits am 18. März statt, darauf einigen sich Regierung und Opposition.
– Am Wochenende tagen DBD, Neues Forum, FDJ und DSF.
– Die SED-PDS veröffentlicht ein Ökologie-Papier.
– Im Saarland erreicht die SPD unter Ministerpräsident Oskar Lafontaine bei Landtagswahlen die absolute Mehrheit.
– Der Geschäftsführer der DDR-SPD, Ibrahim Böhme, ist bereit,

nach der Volkskammerwahl das Amt des Ministerpräsidenten zu übernehmen.
– Das ehemalige SED-Politbüromitglied Joachim Herrmann wird in Haft genommen.
– CDU-Vorsitzender Lothar de Maizière befürwortet ein Bündnis von CDU, DSU und DA.

29. Januar

– Die Volkskammer tritt zu ihrer 15. Tagung zusammen. Hans Modrow gibt eine Erklärung zur Lage im Lande ab und ersucht um Vertrauen. Er erklärt, eine Regierung der nationalen Verantwortung sei jetzt notwendig.
– In Kopenhagen beraten Vertreter der DDR und Israels über die Entwicklung ihrer Beziehungen.
– Der zehnte Runde Tisch legt ein klares Votum für Demokratie und Rechtsstaatlichkeit ab.
– DDR und EG nehmen Verhandlungen über den Ausbau der Handelsbeziehungen auf.
– Ministerpräsident Hans Modrow trifft am Abend in Moskau ein.
– Die Vereinigte Linke tagt in Leipzig.
– Die marxistische Partei »Die Nelken« zeigt sich besorgt über die Vorverlegung des Wahltermins.
– Erich Honecker wird direkt vom Krankenhaus in Untersuchungshaft gebracht. Nach Meinung der behandelnden Ärzte ist er haftunfähig.

30. Januar

– Hans Modrow trifft in Moskau mit Michail Gorbatschow zusammen.
– Wie mitgeteilt wird, kontrollieren nach wie vor etwa 2 000 Spitzel des Bundesnachrichtendienstes die Posteingänge aus der DDR.
– Die SED-PDS begrüßt den vorgezogenen Wahltermin.
– Auf dem Berliner Alexanderplatz finden sich Tausende zu einem Antifa-Tag zusammen.
– Erich Honecker wird aus gesundheitlichen Gründen aus der Haft entlassen und findet in einer christlichen Einrichtung in Lobethal Aufnahme.
– In Jena und Pirna werden mehrere Personen wegen Bombendrohungen festgenommen.
– Durch den Abbau der Anlagen aus der MfS-Zentrale in Berlin ist kein Abhören der Telefonate mehr möglich.

– Mit bayrischer Unterstützung bildet sich in Leipzig ein Kreisverband der Republikaner.

31. Januar

– Das Konsistorium der Evangelischen Kirche in Berlin-Brandenburg nimmt die Bereitschaft des Leiters der diakonischen Einrichtung Lobethal, Pastor Uwe Holmer, zur Aufnahme des Ehepaares Honecker in das Pfarrhaus zustimmend zur Kenntnis, da Erich Honecker nach seiner Entlassung aus der Untersuchungshaft faktisch obdachlos gewesen sei.

– In Berlin wird die Kommunistische Partei Deutschlands (KPD) wiedergegründet.

– In Leipzig tritt der SED-PDS-Vorstand zurück.

– Seit Beginn des Jahres haben etwa 18 Millionen Menschen die deutsch-deutsche Grenze passiert.

– Die DDR- und die BRD-Polizei klären gemeinsam einen Mordfall auf.

– Konrad Naumann, ehemaliges Politbüromitglied der SED, sagt vor dem Untersuchungsausschuß der Volkskammer aus, er sei am 5. November 1985 nicht aus »gesundheitlichen Gründen«, sondern wegen »Opportunismus und Fehlerdiskussion« aus der Parteiführung entfernt worden. Danach erhielt er Arbeitsplatz- und Wohnraumbindung und wurde observiert.

– Die DDR-Schriftstellerin Christa Wolf erhält die Ehrendoktorwürde der Universität Hildesheim.

– Der Außerordentliche FDGB-Kongreß beginnt in Berlin. Energisch wird ein neues Gewerkschaftsgesetz gefordert.

– Die NVA gibt bekannt, sie werde die Anzahl der Übungen verringern.

1. Februar 1990

– Auf einer Pressekonferenz in Berlin unterbreitet Ministerpräsident Hans Modrow sein Konzept für »Deutschland einig Vaterland« und erklärt, die Vereinigung dürfe nicht auf Kosten anderer Nationen vor sich gehen.

– Der FDGB bleibt mit altem Namen und neuer Satzung bestehen. Helga Mausch wird Vorsitzende des Vorstandes.

– Das Präsidium der SED-PDS hält in einer Erklärung zum Modrow-Plan eine kurzfristige Vereinigung beider deutscher Staaten für unrealistisch. Aus Bonn kommen besonders kritische Töne in Zusammenhang mit den Neutralitätsvorstellungen für ein geeintes Deutschland.

– Die SED-PDS stellt der SPD zeitweilig Arbeitsräume zur Verfügung.
– Die grüne Bewegung der DDR legt ein gemeinsames Energie-Konzept vor: gegen Kernkraft, für Sicherheit.
– Der Haftbefehl gegen das ehemalige SED-Politbüromitglied Hermann Axen wird aus gesundheitlichen Gründen aufgehoben.

2. Februar

– In Moskau treffen sich Michail Gorbatschow und Gregor Gysi. Sie plädieren für wohlüberlegte Schritte in der deutschen Frage.
– Premier Hans Modrow wertet seinen Deutschlandplan als ein Angebot zum Dialog.
– Auf einem Wiener KSZE-Seminar legt die DDR-Seite die Struktur ihrer Verteidigungsausgaben offen.
– Für Januar werden über 58 000 Übersiedler aus der DDR in die BRD registriert.
– Die Staatsanwaltschaft der DDR teilt mit, daß Erich Honecker weder haft- noch vernehmungsfähig ist.
– Das Einfuhrverbot für Arzneimittel in die DDR ist aufgehoben.
– In Potsdam gibt es Nazi-Schmierereien.

3. Februar

– Die Interflug-Linie Dresden–Köln wird eröffnet.

4. Februar

– Die Partei des Demokratischen Sozialismus (PDS) trennt sich von dem Namen SED und bekundet damit ihren Willen zur völligen Erneuerung der Partei.
– Die »Grüne Liga« wählt einen landesweiten Sprecherrat.
– Eine Menschenkette über die Oder verbindet deutsche und polnische Bürger.
– Gegen das Krankenhaus Frankfurt (Oder) wird eine Bombendrohung ausgesprochen.
– Im Südharz streiken Kalikumpel für höhere Löhne.
– Die KPD tritt in einem Aufruf für eine souveräne DDR ein.
– Die BRD-Politiker Hans-Dietrich Genscher und Otto Graf Lambsdorff nehmen am Gründungsparteitag der DDR-F.D.P. teil.

5. Februar

– Die Volkskammer tritt zu ihrer 16. Tagung zusammen. Das Kabinett der Nationalen Verantwortung wird gebildet. Die Opposition tritt mit mehreren Ministern in die Regierung ein. Die Republikaner werden verboten.

– Der elfte Runde Tisch widmet sich den Konsequenzen der Wirtschaftsentwicklung.
– Seit 1961, dem Jahr des Mauerbaus in Berlin, gingen über eine Million DDR-Bürger in die BRD.
– 100 Schützenpanzerwagen des in Oranienburg stationierten Hans-Coppi-Regiments werden verschrottet.
– Die drei konservativen Parteien »Demokratischer Aufbruch« (DA), »Deutsche Soziale Union« (DSU) und »Christlich-Demokratische Union« (CDU) schließen sich unter Beihilfe von BRD-Kanzler Helmut Kohl zur »Allianz für Deutschland« zusammen.
– Auf der Montagsdemonstration in Leipzig dominieren die Rufe nach der Einheit Deutschlands. Die Republikaner treten massiv in Erscheinung.

6. Februar

– Regierungssprecher Wolfgang Meyer dementiert Gerüchte, wonach die Regierung eine Währungsreform plant.
– Namhafte Rechtsanwälte der DDR fordern faire Verfahren gegen ehemalige Funktionäre.
– Die Werktätigen des Kraftwerkes Greifswald sprechen sich gegen die Stillegung der Anlage aus.
– Die Spartakisten und die KPD wollen sich an der Volkskammerwahl mit eigenen Kandidaten beteiligen.
– Das Fernwärmewerk Gispersleben muß wegen Bombendrohung abgeschaltet werden.

7. Februar

– Ministerpräsident Hans Modrow trifft sich mit Kulturschaffenden und betont die Verantwortung der Regierung für Kunst und Kultur in der DDR.
– Wie das Ministerium des Inneren mitteilt, führen verstärkt Bombendrohungen zu einer starken Beunruhigung unter der Bevölkerung.

8. Februar

– Die Ermittlungen im Zusammenhang mit dem tragischen Ausgang der »Silvesterparty« am Brandenburger Tor werden eingestellt, da kein schuldhaftes Versagen der Veranstalter vorliege.
– Gegen den Friedrichstadtpalast wird eine Bombendrohung ausgesprochen.
– Die Regierung bildet ein Komitee zur Auflösung des Amtes für Nationale Sicherheit.

– Republikaner-Chef Schönhuber wird bei dem Versuch, die DDR-Grenze zu überqueren, zurückgewiesen.

9. Februar

– In den chemischen Werken Buna explodiert ein Karbidofen. Fünf Menschen werden getötet und 22 verletzt.

– BRD-Außenminister Hans-Dietrich Genscher lehnt die Ausdehnung des NATO-Bereiches in Richtung Osten ab.

– Die Volkskammer der DDR lädt zu den bevorstehenden Wahlen eine Delegation des Europa-Parlaments zur Beobachtung ein.

– DDR-Regierungssprecher Wolfgang Meyer weist Spekulationen über den Zusammenbruch, die Zahlungsunfähigkeit der DDR und der weiteren Vorverlegung der Wahlen als bewußte Panikmache westlicher Kreise zurück.

– Seit Anfang des Jahres haben die DDR-Zollorgane über 8 900 Verfahren wegen Zoll- und Devisenvergehen eingeleitet.

– Ein »Bund Sozialistischer Arbeiter« (BSA) konstituiert sich und gibt bekannt, daß er sich an den Wahlen beteiligt.

– Auf einer deutsch-deutschen Tagung des Mittelstandes in Westberlin gibt DDR-Vizepremier Christa Luft die Reprivatisierung von volkseigenen Betrieben bekannt.

– In Halle wird Haftbefehl gegen eine Neonazi-Gruppe erlassen.

11. Februar

– In Halle endet der erste Parteitag der »Grünen Partei«.

– Die Volkspolizei vereitelt den größten Gemälderaub in der Geschichte der DDR aus der staatlichen Galerie Dessau.

– Die Bürgerbewegung »Demokratie Jetzt« wendet sich gegen eine überstürzte Währungsunion, die dem Land nach ihrer Auffassung 1,5 bis 2 Millionen Arbeitslose bringen würde.

– Der NDPD-Parteitag wählt Wolfgang Rauls zum neuen Vorsitzenden der Partei.

– Die »Vereinigte Linke« (VL) wendet sich gegen die Destabilisierung der DDR.

– Die LDPD nennt sich jetzt LDP (Liberal-Demokratische Partei) und wählt auf ihrem Außerordentlichen Parteitag Rainer Ortleb zum neuen Vorsitzenden.

– In Luckau gründet sich eine »Deutsche Jugendpartei« (DJU).

12. Februar

– Die zwölfte Sitzung des Runden Tisches widmet sich vor allem Fragen der Auswirkungen einer deutsch-deutschen Einheit.

– Die Leipziger Montagsdemonstration wird in immer stärkerem

Maße zu einer Kundgebung für den sofortigen Anschluß der DDR an die BRD. Linke und sozialistische Gedanken werden nicht mehr zugelassen. Wahlmaterialien verschiedener Parteien werden verbrannt.
– Auf dem DDR-Arbeitsmarkt sind 7 440 Arbeitslose registriert. Die Zahl der offenen Stellen wird mit etwa 158 000 angegeben.
– Der Berliner Oberbürgermeister Erhard Krack teilt mit, daß er die politische Verantwortung für Wahlfälschungen übernehme und sein Amt zur Verfügung stelle.
– Die drei liberalen Parteien der DDR schließen sich zu einem Wahlbündnis »Bund Freier Demokraten« zusammen.
– Altbundeskanzler Helmut Schmidt tritt auf einer Wahlveranstaltung in Güstrow für die SPD auf.

13. Februar

– In Bonn beginnt der zweite Gipfel mit DDR-Ministerpräsident Hans Modrow und BRD-Kanzler Helmut Kohl. Hans Modrow wird dabei von Ministern ohne Geschäftsbereich seiner Regierung begleitet.
– Der Übersiedlerstrom von DDR-Bürgern, so melden die Zeitungen, ist um etwa 3 000 im Vergleich zur Vorwoche zurückgegangen.
– Die Statistische Zentralverwaltung teilt mit, die Warenproduktion sank auf das Niveau von 1986/1987 und liegt um 5,6 Prozent unter dem des Januar-Ergebnisses vor einem Jahr.
– Nach einer Umfrage der Wickert-Institute Illereichen (BRD) sprechen sich insgesamt 64 Prozent der Deutschen in Ost und West für die Neutralität eines einheitlichen Staates aus.
– Die neugegründete KPD tritt für das Aktionsbündnis einer sozialistischen Alternative ein.
– Die Pressestelle der Zollverwaltung der DDR teilt mit, daß in verstärktem Umfang Schmugglerringe aktiv werden und die DDR dabei als Transitland benutzen.

14. Februar

– Hans Modrow beendet seine zweitägige Visite in Bonn. Als konkretes Ergebnis wird genannt: die Aufnahme von Verhandlungen einer Expertenkommission zur Einführung einer Währungsunion. Der von der DDR angeregte Solidarbeitrag der BRD von 10 bis 15 Milliarden DM Soforthilfe für die DDR-Wirtschaft bleibt aus.
– Vorbehalte gegen eine deutsch-deutsche Währungsunion äußern die sogenannten fünf Weisen, der Sachverständigenrat der

BRD-Regierung zu Wirtschaftsfragen. Das wäre keine Lösung, um den Übersiedlerstrom zu stoppen.
– Der Dresdner Oberbürgermeister Wolfgang Berghofer weist eine Beteiligung an den Wahlmanipulationen bei den Kommunalwahlen im Mai 1989 zurück.
– Der Unabhängige Frauenverband und die Grüne Partei gehen ein Wahlbündnis ein.
– Der DDR-Staatsrat verurteilt die Wahlfälschungen zu den Kommunalwahlen, plädiert aber dafür, daß die Regierbarkeit der örtlichen Organe bis zu den Kommunalwahlen im Mai aufrechterhalten werden.
– Die neugegründete VP-Gewerkschaft organisiert in Berlin eine Demonstration für die demokratische Umgestaltung des Landes.
– Gegen den ehemaligen Generaldirektor des Kombinates VEB Carl Zeiss Jena, Wolfgang Biermann, wird ein Ermittlungsverfahren eingeleitet. Er steht unter dem Verdacht, museale Gegenstände der Zeiss-Stiftung im Werte von 280 000 Mark als Repräsentationsgeschenke abgegeben zu haben.
– In der DDR wächst die Sorge vieler Bürger in bezug auf ihre in jahrzehntelanger Arbeit erworbenen Werte und die von ihnen genutzten sogenannten Westgrundstücke.

15. Februar

– Die im Dezember beschlossene Amnestie ist abgeschlossen. Über 15 000 Strafgefangene sind in der zurückliegenden Zeit freigelassen worden.
– Regierungssprecher Wolfgang Meyer zieht eine ernüchternde Bilanz des Modrow-Besuches in Bonn. Er kritisiert die ablehnende Haltung Bonns zur militärischen Neutralität eines geeinten Deutschland.
– In Bonn gibt Bundeskanzler Helmut Kohl eine Regierungserklärung vor dem Bundestag ab. Es kommt zu tumultartigen Szenen und kontroversen Debatten.
– PDS-Vorsitzender Gregor Gysi tritt auf einer Wahlveranstaltung in Schwerin auf und ruft die etwa 700 000 Mitglieder der Partei auf, aufrecht für die sozialistischen Ideale einzutreten.
– Die DDR-Regierung übergibt der EG ein Memorandum, in dem die Etappen zur sozialen Marktwirtschaft umrissen werden.
– Die CDU fordert, die Verfassung der DDR von 1949 wieder einzusetzen.

– Der Ministerrat stimmt dem Entwurf des Gewerkschaftsgesetzes zu.
– Der »Demokratische Aufbruch« fordert, unter Berufung auf Artikel 23 des BRD-Grundgesetzes der Bundesrepublik beizutreten.
– Die PDS appelliert an alle politischen Kräfte des Landes, den Wahlkampf nicht auf Kosten der Kinder zu führen und plädiert für eine einheitliche, dem Humanismus und der Menschenwürde verpflichtete einheitliche Kinderorganisation.
– In Wolgast geht ein Prozeß gegen Neonazis mit der Verkündung von Urteilen zu Ende. Die Urteile bleiben unter den Forderungen des Staatsanwaltes und liegen über den Freispruchanträgen der Verteidiger.
– Auf den Sparkassen der DDR herrschen zum Teil chaotische Zustände, da Hunderttausende versuchen, ihre Ersparnisse durch verschiedene Transaktionen zu sichern.

17. Februar

– Die PDS führt zahlreiche Wahlveranstaltungen mit dem Ziel eines linken Bündnisses durch.
– Auf dem DSU-Parteitag tritt CSU-Politiker Theo Waigel (BRD) für das schnelle Ende der DDR ein.
– In Berlin gründet sich der »Unabhängige Frauenverband« (UFV).
– UdSSR-Politiker Valentin Falin spricht sich gegen eine NATO-Mitgliedschaft eines einigen Deutschland aus.
– SPD-Geschäftsführer, Ibrahim Böhme, strebt nach den Wahlen eine breite Regierungskoalition an. Ein Zusammengehen mit der PDS schließt er aus.
– In der DDR konstituieren sich eine »Vereinigung für die Opfer des Stalinismus«, eine »Helsinki-Gruppe« und eine »Krebs-Liga«.

19. Februar

– Der dreizehnte Runde Tisch nimmt einen Bericht von Premier Hans Modrow über seinen Besuch in Bonn entgegen. Das politische Forum von Parteien und Bewegungen schlägt vor, die 30 Milliarden Mark Subventionen für Lebensmittel abzubauen und dafür pro Kopf 150,– Mark Zuschlag zu zahlen.
– Nach einer Umfrage unter BRD-Bürgern verläuft für zwei Drittel der Bevölkerung der Vereinigungsprozeß zu schnell.
– BRD-Verteidigungsminister Gerhard Stoltenberg nimmt von seiner Forderung Abstand, den NATO-Einflußbereich auf ganz Deutschland ausdehnen zu wollen.

– Die Sowjetunion gibt unmißverständlich zu verstehen, daß sie mit einer NATO-Mitgliedschaft der DDR nicht einverstanden ist.
– Die Sozialdemokraten der DDR und der BRD treten nach Abschluß einer gemeinsamen Tagung für eine schnelle, aber nicht für eine überstürzte Vereinigung ein.
– Auf der Leipziger Montagsdemonstration fordern 50 000 Bürger den sofortigen Anschluß an die BRD.

20. Februar

– Hans Modrow gibt vor der Volkskammer die Regierungserklärung zu seinem Besuch in Bonn ab.
– Die deutsch-deutsche Expertenkommission zu Fragen einer Währungsunion nimmt in Berlin die Arbeit auf.
– Der sowjetische Staatschef Michail Gorbatschow unterstreicht die Verantwortung der vier Großmächte für die Entwicklung in beiden deutschen Staaten und in Europa und warnt vor einem deutschen Alleingang.
– Die Kunst- und Antiquitäten-GmbH teilt auf einer Pressekonferenz mit, seit dem 22. November 1989 bestehe für die Firma Ausfuhrstopp.
– BRD-Kanzler Helmut Kohl tritt auf einer Wahlveranstaltung der »Allianz für Deutschland« auf und läßt sich von 100 000 Menschen in Erfurt zujubeln.

21. Februar

– Die Volkskammer führt eine deutschlandpolitische Debatte. Fazit: Zusammenwachsen ja, aber kein Verkauf der DDR und keine sozialen Belastungen für die Werktätigen.
– In der DDR werden Angstkäufe von Lebensmitteln registriert.
– Der ehemalige Generaldirektor des VEB Carl Zeiss Jena, Wolfgang Biermann, weist alle Beschuldigungen gegen sich zurück und taucht in der BRD unter.
– Der Schriftsteller und ehemalige Chef der Aufklärung der DDR, Markus Wolf, soll in der Sowjetunion ins Exil gegangen sein, wird mitgeteilt.
– Der Block 4 des Kernkraftwerkes Nord geht wieder ans Netz, nachdem er wegen einer Störung abgeschaltet wurde.

22. Februar

– Der erste SPD-Parteitag nimmt seine viertägigen Beratungen in Leipzig auf. Geschäftsführer Ibrahim Böhme erneuert die Bereitschaft, nach den Wahlen maßgebliche politische Verantwortung für das Land übernehmen zu wollen. Eine Währungsunion wird

bis zum Sommer anvisiert, die Vereinigung beider Staaten soll etwa zwei Jahre in Anspruch nehmen.
– ADN dementiert die Exilabsichten von Markus Wolf. Die Staatsanwaltschaft weist Gerüchte zurück, wonach gegen ihn ermittelt werde.
– BRD-Kanzler Helmut Kohl läßt über den stellvertretenden Regierungssprecher mitteilen, er lehne eine Garantie der Westgrenze Polens zu diesem Zeitpunkt ab, da dazu nur ein »gesamtdeutscher Souverän« legitimiert sei.
– In Berlin konstituiert sich die Wahlkomission der DDR. Das dreißigköpfige Gremium wird von der Forschungsstudentin Petra Bläss (Unabhängiger Frauenverband) geleitet.
– Der Wehrbeauftragte der Bundeswehr besucht erstmals Kasernen in der DDR.
– Von den etwa 33 000 Mitarbeitern der einstigen MfS-Zentrale sind bisher etwa zwei Drittel aus dem Dienst entfernt.

23. Februar

– Der erste Parteitag der SPD wählt Ibrahim Böhme zum Vorsitzenden der Partei. Willy Brandt wird zum Ehrenvorsitzenden auch der DDR-Partei gewählt.
– Die Bürgerbewegung »Demokratie Jetzt« schlägt Wolfgang Ullmann für das Amt des Ministerpräsidenten vor.
– Erstmals wird von der Statistischen Zentralverwaltung das Brutto-Inlandprodukt errechnet. Für 1990 betrug es 353 Milliarden Mark.
– Es wird mitgeteilt, daß die Wahlbenachrichtigungen erstmals mit der Post übermittelt werden.
– Die PDS von Berlin schlägt einen 12-Punkte-Plan zum Zusammenwachsen der Stadt vor.

24. Februar

– Der erste Parteitag der PDS beginnt seine Beratungen. Vorsitzender Gregor Gysi erläutert die Gesellschaftskonzeption der Partei – für einen demokratischen Sozialismus. Hans Modrow bekennt sich zu seiner Verantwortung und Verpflichtung als Ministerpräsident nicht für eine Partei, sondern für das Volk und bittet darum, von der Funktion als stellvertretender Parteivorsitzender entbunden zu werden. Er läßt offen, ob er als Spitzenkandidat zu den Volkskammerwahlen zur Verfügung stehen wird.

25. Februar

– Drei Parteien bestimmen ihre Spitzenkandidaten für die Volkskammerwahl: Für die PDS nimmt Ministerpräsident und Ehrenvorsitzender Hans Modrow die Kandidatur an, für die SPD ihr Vorsitzender Ibrahim Böhme und für die CDU Lothar de Maizière.

– Seit dem 1. Januar sind 100 000 Übersiedler in die Bundesrepublik ausgereist.

– Wie die DDR-Staatsanwaltschaft mitteilt, verfügte Erich Honecker über ein nur ihm zugängliches Konto, auf das 1989 etwa 75 Millionen DM von Bonn für den Freikauf von politischen Gefangenen eingezahlt wurden.

26. Februar

– Erstmals können DDR-Bürger auf dem Arbeitsamt Arbeitslosenunterstützung beantragen.

– Auf der vierzehnten Sitzung des Runden Tisches wird der amtierenden und der künftigen Regierung empfohlen, auch in Zukunft Kunst und Kultur mit materiellen Mitteln auszustatten, um sie nicht völlig dem Geschäft auszuliefern.

– Die auf elektronischen Datenträgern der Staatssicherheit gespeicherten Personalangaben werden nach einem Beschluß der Bürgerkomitees vernichtet.

– Das am Vortag gemeldte Honecker-Konto erweist sich in der veröffentlichten Form als Falschmeldung.

– Der DGB (Berlin/West) und der FDGB (Berlin/Ost) beschließen, den diesjährigen 1. Mai gemeinsam zu begehen.

27. Februar

– Der Westberliner Bürgermeister Walter Momper legt in Washington einen »Fahrplan zur schrittweisen Wiedervereinigung Berlins« vor.

– Die SPD kündigt an, wegen der immer lauter werdenden nationalistischen Töne nicht mehr an den Montagsdemonstrationen in Leipzig teilzunehmen. In Leipzig wird zunehmend Besorgnis laut, daß Ausländerfeindlichkeit stärker um sich greift.

– Der Präsident des Deutschen Sparkassen- und Giroverbandes der BRD, Helmut Geiger, warnt die Bürger beider deutschen Staaten vor Spekulationen mit der DDR-Mark.

– Eine DDR-Sektion der Umweltorganisation Greenpeace konstituiert sich in Berlin.

– Das Kernkraftwerk Greifswald schaltet auch den Block 3 ab, nachdem Block 2 bereits am 14. Februar aus sicherheitstechnischen Gründen stillgelegt worden war. Die Blöcke 1 und 4 übernehmen allein die Energieversorgung von Greifswald und Umgebung.

28. Februar

– Bisher haben sich 35 Parteien und Vereinigungen für die Wahlen zur Volkskammer registrieren lassen.

– SPD-Vorsitzender Ibrahim Böhme führt in Moskau politische Gespräche.

– Nach einer Umfrage lehnen über zwei Drittel der BRD-Bürger Übersiedler aus der DDR ab, da keinerlei politische Gründe für eine ständige Ausreise aus ihrem Land vorhanden seien.

– Die ehemaligen Minister Heinz Keßler und Wolfgang Junker werden wegen ihres schlechten Gesundheitszustandes aus der Untersuchungshaft entlassen.

– Ein Richterbund der DDR gründet sich, der sich frei von Zwängen der Politik nur dem Recht verpflichtet fühlt.

1. März 1990

– Die Regierung der DDR beschließt Treuhandschaft für das Volkseigentum sowie Regelungen zum Schutz der Eigentums-, Mieter- und Nutzerrechte der Bürger der DDR an Grundstücken, Gebäuden und Wohnungen.

– Der Minister für Arbeit und Löhne, Hannelore Mensch, erläßt eine Durchführungsbestimmung zur Gewährung des Vorruhestandes.

– Das Innenministerium der BRD läßt Nachrichten durchsickern, wonach die Absicht besteht, den Bundesgrenzschutz an Oder und Neiße zu verlegen.

– Das Wahlbündnis »Allianz für Deutschland« (bestehend aus den Parteien DSU, DA, CDU) verkündet seinen Wahlaufruf von der BRD-Hauptstadt Bonn aus.

– In Karl-Marx-Stadt tritt Bundeskanzler Helmut Kohl auf einer Wahlveranstaltung auf und kündigt Finanzhilfe für den Fall an, daß nach den Wahlen eine ihm genehme Partei die Macht übernimmt.

– Weitere sechs Parteien und Vereinigungen werden für die Wahl registriert.

3. März

– In den ersten zwei Monaten dieses Jahres haben 85 Prozent der DDR-Bürger DM-Beträge aus dem Reisedevisenfonds erworben.

Es wurden 127 000 Valutakonten mit Einlagen in Höhe von 350 Millionen DM eröffnet.

4. März

– Der Bundesnachrichtendienst der BRD hat in den zurückliegenden Wochen besonders intensiv Privatpost geöffnet und ausgewertet, berichtet der Hamburger »Spiegel«.

5. März

– Eine Delegation des Ministerrates der DDR unter Leitung von Hans Modrow trifft in Moskau ein und führt erste politische Gespräche.

– PDS-Vorsitzender Gregor Gysi ist zu einem Wahlmarathon in Lübben, Senftenberg, Großräschen, Cottbus und Lehde unterwegs.

– Die FDP der BRD droht mit ernsten Konsequenzen, wenn BRD-Kanzler Helmut Kohl weiterhin zu der Frage der Westgrenze Polens eine klare Aussage verweigert.

– Der fünfzehnte und vorletzte Runde Tisch beschließt eine Sozialcharta für ein vereintes Deutschland.

– Zöllner der DDR entdecken auf dem Flughafen Berlin-Schönefeld rund vier Kilogramm Kokain.

6. März

– In Moskau empfängt Michail Gorbatschow den DDR-Ministerpräsidenten Hans Modrow sowie eine repräsentative Abordnung des Ministerrates. Dabei betont der sowjetische Repräsentant die Notwendigkeit, die deutsche Einigung in den europäischen Prozeß einzubeziehen und von der Anerkennung der Nachkriegsrealitäten auszugehen.

– Auf ihrer 18. Tagung beschließt die Volkskammer der DDR ein neues Gewerkschaftsgesetz. Gewerkschaftliche Mitbestimmung und Streikrecht sind darin verankert.

– In der BRD mehren sich die Stimmen, mit gezielten Maßnahmen den DDR-Übersiedlerstrom zu begrenzen. Während in der BRD die Zahl der Arbeitslosen im Februar leicht zurückgegangen ist und etwa 2,15 Millionen registriert werden, erhöht sich gleichzeitig der Anteil arbeitsloser DDR-Übersiedler.

– BRD-Kanzler Helmut Kohl hat in der Frage der Westgrenze Polens seine Position revidiert und verlangt nun nicht mehr, eine Anerkennung der Grenze mit der Frage des polnischen Verzichts auf Kriegsentschädigungszahlungen zu verbinden.

7. März

– Letzte Sitzung der Volkskammer vor den Wahlen am 18. März.

– Regierungssprecher Wolfgang Meyer weist Berichte der »Bild«-Zeitung zurück, wonach Ministerpräsident Hans Modrow bei seinem Besuch in Moskau in geheimen Briefen an Gorbatschow die Interessen der DDR-Bürger verraten habe. Die in Moskau übergebenen Dokumente, so wird deutlich, zielen auf den Erhalt des sozialen Besitzstandes der DDR-Bürger.

– Bei einer Wahlprognose werden für die SPD 34 Prozent der Stimmen, für die CDU 21 Prozent und für die PDS 17 Prozent errechnet. Danach hat die SPD im Vergleich zum Februar einen Rückgang der Wählergunst zu verzeichnen, während die PDS wieder an Stimmen gewinnt. Besonderen Aufwind hat die »Allianz für Deutschland«, die fast ein Drittel der Wählerstimmen erhalten würde.

– Unter der Bezeichnung »Feriendienst« ist ein Reisebüro des FDGB gegründet worden.

8. März

– Der Vorsitzende der BRD-SPD Hans-Jochen Vogel nennt in einer Sitzung des Bundestages den BRD-Kanzler Helmut Kohl wegen seiner zweideutigen Haltung zur polnischen Westgrenze ein »politisches Risiko«.

– Wolfgang Schnur, Vorsitzender des Demokratischen Aufbruch, läßt auf einer Pressekonferenz dementieren, daß er ein Agent des Staatssicherheitsdienstes gewesen sei.

– 13 772 DDR-Bürger haben bisher eine Arbeitslosenunterstützung beantragt.

– In Berlin findet zum Internationalen Frauentag eine Kampfdemonstration statt, auf der nachdrücklich auf die soziale Lage der Frauen in der DDR hingewiesen wird.

9. März

– Zehn Tage vor den Wahlen steht fest: 24 Parteien, andere politische Vereinigungen und Listenvereinigungen beteiligen sich an den ersten freien, allgemeinen, gleichen, direkten und geheimen Wahlen in diesem deutschen Staat.

10. März

– Eine deutsch-deutsche Luftstraße zwischen Erlangen und Leipzig wird in Betrieb genommen.

11. März

– Wahlveranstaltungen der Parteien von Suhl bis Rostock. Die Modalitäten der Vereinigung der beiden deutschen Staaten, finanzielle und soziale Absicherung der Bürger der DDR sind die Hauptfragen an die Programme. Mehr und mehr machen Bundespolitiker von CDU, FDP und SPD die DDR zu ihrem Wahlkampfterritorium. In verschiedenen DDR-Städten finden Demonstrationen gegen einen Ausverkauf der DDR statt.

– PDS-Vorsitzender Gregor Gysi absolviert in Friedersdorf seinen ersten Sprung aus 2 300 Metern Höhe mit dem Fallschirm auf dem Schoß eines erfahrenen Springers.

– In Leipzig öffnet die Frühjahrsmesse ihre Pforten.

– Erich Honecker weist in einem Brief an dänische Kommunisten die Vorwürfe wegen Amtsmißbrauchs und persönlicher Bereicherung zurück. Gleichzeitig macht er Egon Krenz für die schwere Krise der Partei verantwortlich.

– Westberliner Kriminalpolizisten äußern auf einer Pressekonferenz den Verdacht, daß eine Zelle der RAF (Rote Armee Fraktion) die DDR zu ihrem Operationsgebiet gemacht hat.

12. März

– Der sechzehnte und letzte zentrale Runde Tisch diskutiert den Entwurf einer neuen Verfassung der DDR, die am 17. Juni in einem Volksentscheid angenommen werden soll.

– Noch in diesem Jahr sollen nach einer Vereinbarung zwischen IFA und VW-Konzern die ersten VW-Polo in Zwickau produziert werden.

– In allen Teilen der DDR finden zu Beginn der letzten Woche vor den Wahlen unzählige Wahlveranstaltungen statt, auf denen Parteien und Vereinigungen um die Gunst der Wähler werben.

– Das statistische Amt der DDR teilt zur Wirtschaftsentwicklung des Landes mit, daß die Warenproduktion im Februar auf das 87er Niveau gesunken ist.

– Der Vorsitzende des »Demokratischen Aufbruchs« (DA), Wolfgang Schnur, weist alle gegen ihn erhobenen Vorwürfe, er sei ein Spitzel des ehemaligen MfS gewesen, entschieden zurück und bezeichnet sie als Gipfel einer Verleumdungskampagne. In gleicher Weise äußern sich sein Freund, Pfarrer Rainer Eppelmann, und BRD-Kanzler Helmut Kohl.

13. März

– Ein Handels- und Kooperationsabkommen zwischen der DDR und der EG (Europäische Gemeinschaft) wird in Brüssel unterzeichnet.

– Ministerpräsident Hans Modrow tritt erstmals als Spitzenkandidat der PDS in Waren, Demmin und Neubrandenburg in Aktion.

– Die BRD-Fluggesellschaft Lufthansa ist mit einer Minderheitsbeteiligung von 26 Prozent bei der DDR-Gesellschaft Interflug eingestiegen.

– Die gemeinsame Expertenkommission DDR–BRD zu Währungsfragen konstatiert zum Abschluß ihrer dritten Sitzung »wesentliche Fortschritte«.

14. März

– Der Vorsitzende des »Demokratischen Aufbruchs« (DA), Wolfgang Schnur, tritt von seiner Funktion zurück und bestätigt, 16 Jahre dem ehemaligen Ministerium für Staatssicherheit als hochdotierter Informant gedient zu haben.

– In Bonn werden vorbereitende Gespräche »Zwei plus Vier«, das heißt beide deutsche Staaten und die vier Großmächte, aufgenommen. Sie sollen im Wechsel in der DDR und in der BRD stattfinden.

– Die Bonner Regierung kündigt an, nach den Wahlen in der DDR die Vergünstigungen für Übersiedler wegfallen zu lassen.

16. März

– Abschließende Wahlkundgebung der PDS auf dem Alexanderplatz. Dabei erklärt Gregor Gysi vor Tausenden: »Berliner! Wir werden unsere Ideale nicht aufgeben, sondern sie richtig anpaken.«

– Die Wahlkommission der DDR gibt bekannt, daß die technische Generalprobe zum 18. März ohne Komplikationen verlief.

– Das »Bündnis 90« kritisiert energisch den von zahlreichen Parteien praktizierten Wahlkampf, der bei einigen fast zu einer alleinigen Angelegenheit der BRD geworden ist.

– Der Generalsekretär der DDR-CDU, Martin Kirchner, bestätigt, in seiner kirchlichen Tätigkeit auch Kontakt zum Ministerium für Staatssicherheit gehalten zu haben, ohne dafür eine finanzielle Zuwendung erhalten zu haben.

17. März

– Alle Wahlveranstaltungen sind abgeschlossen. BRD-Bundespräsident Richard von Weizsäcker wünscht den DDR-Bürgern eine verantwortungsvolle Entscheidung.

– In einer Erklärung gibt die PDS bekannt, daß sie sich nicht an der Wahlparty im Berliner Palast der Republik beteiligen wird, da die Veranstaltung in erster Linie von bundesrepublikanischen Akteuren bestritten wird, dies sich aber um eine DDR-Wahl handele.

18. März

– Wahlen zur Volkskammer der DDR: Die ehemalige Blockpartei CDU erringt einen überzeugenden Wahlsieg und wird stärkste Partei der DDR (40,91 Prozent der Stimmen). Die SPD, in vorherigen Umfragen als Wahlsieger gehandelt, erhält deutlich weniger Stimmen als erwartet (21,84 Prozent). Die PDS wird drittstärkste Partei (16,33 Prozent). Nur sehr wenige Stimmen erhalten die Bürgerbewegungen und Gruppierungen, die im Herbst vergangenen Jahres das stalinistische System ins Wanken brachten, zum Beispiel »Bündnis 90« (2,90 Prozent) oder »Grüne Partei + Unabhängiger Frauenverband« (1,96 Prozent).

Dokumente zu Wandlitz

Vertrauliche Verschlußsache
– Beschlüsse –
ZK 01 Tgb.-Nr. 24/60 vom 31. 5. 1960
(faktisch die »Geburtsurkunde«
der Waldsiedlung)

Betrifft: Umzug der Genossen des Politbüros

Der Bericht des Genossen Mielke wird zustimmend zur Kenntnis genommen.

Die Genossen Mielke und Schön werden beauftragt, alle Fragen zu vereinbaren und zu regeln.

Der Wohnkomplex untersteht der Partei.

Im bisherigen Wohngebiet Niederschönhausen sind einige Häuser als Gästehäuser für die Genossen des Politbüros für den Bedarfsfall vorzusehen. Außerdem sind Besprechungsräume in Niederschönhausen vorzusehen.

Das Seehaus in Liebenberg kann ebenfalls für Besprechungen von Politbüromitgliedern ausgenutzt werden, soweit Räume vorhanden sind.

Es wird für zweckmäßig gehalten, daß Genosse Ebert in Berlin eine Stadtwohnung unterhält.

Es wird nicht für zweckmäßig gehalten, daß Genosse Reimann im neuen Wohnkomplex wohnt.

Gen. Leuschner wird beauftragt, die Maßnahmen für den Schulbau so zu unterstützen, daß am 1. 9. 1960 der Schulunterricht für die Kinder aufgenommen werden kann.

Es wird für zweckmäßig gehalten, einen Hundezwinger im Ge-

lände einzurichten, damit nicht bei jedem Haus die Hunde untergebracht sind.
Verteiler:
1. Expl. Mielke
2. Expl. Schön
3. Expl. Leuschner (Abs. Schulb.)
4. Expl. Ablage

Hauptabteilung PS
Leiter

Berlin, 19. November 87

Anweisung Nr. PS 5/87
zur optimalen und niveauvollen Betreuung und Versorgung der führenden Repräsentanten, ihrer Familienangehörigen und Gäste

Die Sicherung der optimalen und niveauvollen Betreuung und Versorgung der führenden Repräsentanten, ihrer Familienangehörigen und Gäste (im weiteren führende Repräsentanten) ist Bestandteil der unmittelbaren Nahabsicherung.

Auf der Grundlage des Befehls Nr. 19/84 des Ministers ist diese Aufgabe jederzeit verbindlich, mit hoher Einsatzbereitschaft, revolutionärer Wachsamkeit und tschekistischer Meisterschaft zu realisieren.

Dazu *weise ich an:*

1. Der Leiter des Dienstbereiches V ist für die Erfüllung der grundsätzlichen Aufgaben bei der Gewährleistung einer optimalen und niveauvollen Betreuung und Versorgung der führenden Repräsentanten verantwortlich.

Er hat alle Betreuungs- und Versorgungsaufgaben in hoher Qualität und anforderungsgerecht zu planen, zu organisieren und durchzuführen.

2. Die Angehörigen des Dienstbereiches V sind durch die Leiter in enger Zusammenarbeit mit den Partei- und FDJ-Funktionären so zu erziehen, daß sie unter allen Lagebedingungen durch qualifiziertes, einfühlsames und gefühlvolles Handeln das subjektive Wohlbefinden der führenden Repräsentanten ständig gewährleisten. Dazu ist eine hohe politische und fachliche Qualifikation aller Angehörigen ständig zu gewährleisten.

3. Der Leiter des Dienstbereiches V ist verantwortlich für
– die Bereitstellung und Vermietung vollständig und niveauvoll eingerichteter Einzelhäuser, entsprechend den individuellen Wünschen der Nutzer,
– die zuverlässige Gewährleistung der Ver- und Entsorgungssicherheit auf hohem wissenschaftlich-technischem Niveau,
– den Bau und die Vermietung von Freizeitobjekten, die den individuellen Wünschen der Nutzer entsprechen,
– den Einsatz von Hausangestellten in den Einzelhäusern sowie auf Anforderung in den Freizeitobjekten zur individuellen Betreuung und Pflege dieser Haushalte,
– die Absicherung eines hochwertigen Angebotes an Nahrungs- und Genußmitteln, Textilien, kosmetischen Erzeugnissen und anderen Industriewaren aus der Produktion des Inlandes und aus Importen sowie teilweise aus Eigenproduktion.

Die Planung, Beschaffung und Bereitstellung dieser Waren ist durch das Staatliche Handelsobjekt »Letex« abzusichern.

Der Valutabedarf für Eigenimporte ist beim Ministerium für Außenhandel, Bereich Kommerzielle Koordinierung jährlich zu planen.

Für den Verkauf der Waren gelten die gesetzlich festgelegten Preise der DDR und für Eigenimporte die auf der Grundlage von bestätigten Kalkulationsrichtlinien festzulegenden Preise.
– die umfassende und niveauvolle gastronomische Betreuung und Versorgung durch das Klubhaus im Innenring, in den Einzelhäusern, Freizeitobjekten und zu Aktionen und Einsätzen im In- und Ausland,
– die Gewährleistung der hygienischen und antiepidemischen Absicherung aller Aufgaben bei Veranstaltungen im Rahmen von Aktionen und Einsätzen sowie im Bereich des Objektes »Waldsiedlung«, der Freizeitobjekte und angewiesener Objekte,
– die Bereitstellung und Vermietung von Garagen im Wohnobjekt.
– das Betreiben von Sport- und Freizeitbereichen sowie die Absicherung hierbei notwendiger Betreuungsmaßnahmen durch befähigte Angehörige,
– die Absicherung eines umfassenden Dienstleistungsangebotes,
– die den Anforderungen an eine optimale und niveauvolle Betreuung und Versorgung entsprechende Qualifizierung der Angehörigen,

– die konsequente Wahrung und Durchsetzung der inneren Sicherheit und Geheimhaltung,
– die Durchsetzung der Aufgaben als objektverantwortlicher Leiter des Dienstobjektes Wandlitz gemäß den bestehenden dienstlichen Bestimmungen.

4. Die höchstmögliche zuverlässige und sichere Funktion aller technischen und Versorgungsanlagen ist durch die
– materiell-technische Sicherstellung aller Ver- und Entsorgungsaufgaben,
– Durchführung bestätigter Investitionsmaßnahmen zur Erhöhung der Ver- und Entsorgungssicherheit,
– Realisierung von Rekonstruktions-, Werterhaltungs- und Renovierungsaufgaben in den Einzelhäusern, Freizeitobjekten sowie technischen und baulichen Anlagen und Einrichtungen,
– Durchführung von Maßnahmen zur planmäßig vorbeugenden Instandhaltung der Ver- und Entsorgungsanlagen,
– Organisation und Gewährleistung eines zweckmäßigen vorbeugenden und operativen Brand- und Havarieschutzes
jederzeit zu gewährleisten.

5. Der Leiter des Dienstbereiches V hat bei der Realisierung der übertragenen Aufgaben eng mit den Diensteinheiten des MfS und Dienstbereichen der Hauptabteilung PS zusammenzuarbeiten und mit anderen Schutz- und Sicherheitsorganen, staats- und wirtschaftsleitenden Organen sowie Betrieben und Einrichtungen zusammenzuwirken.

6. Alle die Sicherheit des Objektes Waldsiedlung, einschließlich des Dienstobjektes Waldsiedlung, betreffende Fragen sind durch den Leiter des Dienstbereiches V mit den Leitern der zuständigen Dienstbereiche der Hauptabteilung PS abzustimmen.

7. Der Dienstbereich V hat als Verwaltungsorgan des Objektes Waldsiedlung gegenüber Partnern mit der Bezeichnung

MfS »Verwaltung Waldsiedlung«
Postschließfach 35
Bernau 1280

oder

Postschließfach 30
Berlin 1120

aufzutreten.

8. Die optimale und niveauvolle Betreuung und Versorgung ausländischer Gäste der führenden Repräsentanten hat gemäß dieser Anweisung zu erfolgen.

9. Schlußbestimmungen

Der Leiter des Dienstbereiches V hat auf der Grundlage dieser Anweisung innerdienstliche Regelungen, die meiner Bestätigung bedürfen, zu erlassen.

Diese Anweisung tritt mit sofortiger Wirkung in Kraft.

Gleichzeitig wird der Befehl 12/70 vom 4. 9. 1970 außer Kraft gesetzt.

Wolf
Generalmajor

Anlage Nr. 9 zum Protokoll Nr. 49 vom 7. Nov. 1989

Regelungen
für die Betreuung und Versorgung der Bewohner des Innenringes im Wohnobjekt Wandlitz (angewiesen von Egon Krenz)

1. Zum Einkauf in Verkaufseinrichtungen des Wohnobjektes sind berechtigt:
- die Bewohner des Innenringes des Wohnobjektes sowie
- die Mitglieder und Kandidaten des Politbüros des ZK der SED und deren Ehefrauen, die außerhalb des Wohnobjektes wohnhaft sind.

2. In der Verkaufseinrichtung und im Clubhaus des Wohnobjektes sind Waren und Produkte aus Betrieben der DDR, aus Importen, die über den Außenhandel für die Bevölkerung der DDR normal importiert werden, sowie aus Delikat- und Exquisiterzeugnissen anzubieten.

Die Bewohner des Innenringes des Wohnobjektes können alle Leistungen des Clubhauses mit allen Einrichtungen, einschließlich einer qualifizierten Hausversorgung, in Anspruch nehmen.

Der Verkauf in beiden Einrichtungen erfolgt zu gesetzlich festgelegten Preisen zum Einzelverkaufspreis (EVP).

3. Die Bewohner des Innenringes des Wohnobjektes, die Mitglieder und Kandidaten des Politbüros des ZK der SED und deren Ehefrauen, die außerhalb des Wohnobjektes wohnhaft sind, kön-

nen Dienstleistungen auf folgenden Gebieten in Anspruch nehmen:

Schneiderei, Friseur und Kosmetik, Dekorateurleistungen, Glasreinigung, Renovierungen der Räume, Gartenarbeiten, Wäscherei- und andere Dienstleistungen, Reparaturen aller Art an privaten Geräten und sonstigen Artikeln.

Die Bezahlung dieser Dienstleistungen erfolgt zu gesetzlichen Regelleistungspreisen.

4. Notwendige Ausstattungen in den Wohnhäusern und Reparaturen an allen Einrichtungen der Häuser, die staatliches Eigentum sind, werden als Bestandteil des Mietpreises behandelt und erfolgen kostenlos.

5. Familienangehörige, die außerhalb des Wohnobjektes Wandlitz wohnen, können Dienstleistungen, Ausführungen von Reparaturen, Wohnungsrenovierungen und -ausstattungen nicht in Anspruch nehmen.

6. Das Betanken von Privat-Kfz der Bewohner des Innenringes des Wohnobjektes an der Tankstelle des Objektes sowie die Ausführung von Kfz-Reparaturen erfolgen gegen Bezahlung zu den gesetzlich festgelegten Preisen.

Familienangehörige, die außerhalb des Wohnobjektes wohnen, können diese Leistungen nicht an Anspruch nehmen.

7. Mit der Verwirklichung des Beschlusses, der Einleitung und Durchsetzung der erforderlichen Maßnahmen und Herstellung der erforderlichen Verbindungen zwischen der Verwaltung des Wohnobjektes Wandlitz und staatlichen und wirtschaftsleitenden Einrichtungen und Betrieben wird der Leiter des Büros des Politbüros des ZK der SED in Abstimmung mit der zuständigen Diensteinheit des MfS beauftragt.

8. Mit diesem Beschluß treten alle früheren Beschlüsse des Politbüros des ZK der SED zur Betreuung und Versorgung außer Kraft.

Konsequenzen aus der Neuregelung der Betreuung und Versorgung
der Bewohner des Innenringes im Wohnobjekt Wandlitz

1. Aus derzeitiger Sicht ergeben sich bei ausschließlicher Nutzung der Möglichkeiten des Außenhandels bzw. der Betriebe der DDR Angebotseinschränkungen vor allem bei:

Frischwaren, Molkereiprodukten sowie Obst und Gemüse, Säften und Mosten, Konfitüren und Honig, Weinen, Diät- und Diabetikererzeugnissen, Gewürzen, Qualitätsprobleme bei Schuhen, Probleme bei der Bereitstellung der verschiedensten Bekleidungen.

Weiter gesichert werden muß die jährliche Planung von Valutamitteln für Ausstattungen, die nicht zum Verkauf vorgesehen sind, über das Ministerium für Außenhandel/Bereich Kommerzielle Koordinierung aus folgenden Hauptgründen:

– Beschaffung von Fluggeschirr aus Plaste nur über Importe möglich,
– Ersatzbedarf für diverse Küchenartikel, Kühl- und Wärmegeräte für den Service und diverses Verpackungsmaterial,
– Reparaturen der vorhandenen Importtechnik bzw. Ausstattung.

Für die Weiterführung der Reparaturen in den Wohnhäusern an Importartikeln (z. B. Armaturen u.ä.), die Bereitstellung von Ersatzteilen für die RFT-Technik u. ä. Aufgaben muß die Planung der jährlichen Valutamittel für den Valuta-Dienstleistungsplan des MfS weiter gewährleistet sein, und die diesbezüglichen Aufträge müssen weiter über das Ministerium für Außenhandel/Bereich Kommerzielle Koordinierung laufen.

3. Für die Absicherung des gesamten Angebotes in der neuen Form ergeben sich erhebliche Aufgaben für die Bilanzierung, Vertragsgestaltung und Planung, vor allem:

– Schaffung von Möglichkeiten zur Veränderung bereits erfolgter Bilanz- und Planungsrunden im Fünfjahrplanzeitraum bis 1995 und insbesondere für die staatliche Planaufgabe 1990 über die Staatliche Plankommission, weil insgesamt ein höherer bzw. generell neuer Bedarf entsteht.
– Anhebung des Status des Staatlichen Handelsobjektes Letex vom Sonderbedarfsträger 2 in die Kategorie 1 und LVO, um flexibler die Bilanz- und Planungsprozesse zu beherrschen und operative Entscheidungen durch alle Bilanzorgane zu ermöglichen.
– Beauftragung von kompetenten verantwortlichen Mitarbeitern

in Ministerien, Kombinaten und wirtschaftsleitenden Einrichtungen für die notwendige andere Art der Zusammenarbeit zur Sicherung des Bedarfs.
– Stärkung der Verbindungen zum Ministerium für Handel und Versorgung und weiteren wichtigen Kombinaten im Territorium Berlin.
– Gewährleistung der vollen Einordnung des Staatlichen Handelsobjektes Letex in das Kaufhallen-, Delikat- und Exquisitprogramm sowie Sicherung der Zugriffsfähigkeit zu offiziellen Importen.

4. Die Breite des Angebotes der Speisenkarte im Clubhaus ist nicht zu halten, da unter den neuen Bedingungen die speziellen Importe an Frischwaren, Obst und Gemüse fehlen.

5. Die Belieferung des Gästeheimes des ZK der SED Seehaus Liebenberg ist einzustellen.

6. In Durchsetzung des Beschlusses wird den Angehörigen der Diensteinheit des MfS, durch die alle Maßnahmen der Betreuung und Versorgung zu realisieren sind, das Recht eingeräumt, Personen, die nicht zum festgelegten Kundenkreis gehören, zurückzuweisen.

»Neues Deutschland« vom 21. Dezember 1989:
Zwischenbericht
der Untersuchungskommission an den
Außerordentlichen Parteitag

Berlin (ND). Eine Kommission aus überwiegend ehrenamtlichen Mitarbeitern, die nicht aus dem ehemaligen Parteiapparat kommen, führt derzeit im Auftrag des Parteivorstandes Untersuchungen von Vergehen gegen das Statut und Gesetze durch Funktionäre der Partei und deren Familienangehörige. Im nachfolgenden veröffentlichen wir den Bericht der Kommission an den Außerordentlichen Parteitag der SED-PDS über vorläufige Ergebnisse der Untersuchungen.

Am ersten Beratungstag informierte Genosse Gysi über die bis dahin vorliegenden Arbeitsergebnisse der Untersuchungskommission zur Überprüfung von Machtmißbrauch und Korruption ehemals führender Funktionäre unserer Partei. In der Zwischenzeit hat die Kommission unter neuem Leiter, da Gregor Gysi als Vorsitzender der Partei nicht zugleich die Untersuchungskommission leiten kann, diese außerordentlich arbeitsaufwendige Tätigkeit fortgesetzt, und nach wie vor gehen uns ganze Berge von Hinweisen zu. Sie stammen von Mitgliedern unserer Partei, von parteilosen Bürgern unseres Landes, von Angehörigen anderer Parteien und verschiedentlich sogar von Bürgern anderer Staaten.

Wir werten die Hinweise, Kritiken und Informationen als Ausdruck des Vertrauens in die Objektivität unserer Untersuchungskommission, und wir waren bemüht, dieses Vertrauen auch wirklich zu rechtfertigen.

Gegenwärtig konnten durch die Kommission 1232 der zugegangenen Mitteilungen ausgewertet werden, deren Umfang von der kurzen Mitschrift eines Telefonanrufes bis zu 10 und mehr Seiten langen Briefen reicht. Die in den Mitteilungen enthaltenen Informationen beziehen sich auf Korruption und Machtmißbrauch von ehemaligen Politbüromitgliedern, ehemaligen 1. Sekretären von Bezirksleitungen, Funktionären auf Kreisebene bis zu staatlichen Leitern sowie zum Problemkreis Ko-Ko und Schalck. Erfaßt sind etwa 200 Personen, das heißt, zur großen Mehrheit der Mitglieder und hauptamtlichen Mitarbeiter der Partei gibt es nicht einmal Hinweise. Sehr viele Informationen beinhalten im Wesen andere Sachverhalte, wie Vorschläge zu inhaltlichen Fragen des Parteitages oder zur Nutzung bekanntgewordener Objekte, zu Rechtsfragen, Einzelproblemen, Hinweisen zu vermuteten Handlungen. Einen großen Raum nehmen Probleme der Rehabilitierung von Genossen ein.

Wir müssen in dieser emotionsgeladenen und hektischen Zeit jedoch auch feststellen, daß sich viele Informationen als haltlos erweisen und manche versuchen, private Probleme durch uns lösen zu lassen bzw. persönliche Rechnungen zu begleichen. Ein allgemeines Denunziantentum dürfen wir nicht zulassen. Uns erreichte allerdings auch ein Brief von Axel S., der mit den Worten begann: »Alle Kommunisten sind für mich der Abschaum der Menschheit« und mit den Worten endete: »Den Kommunisten nur soviel Spielraum zu lassen, wie zwischen Strick und Hals Luft ist.«

In Abhängigkeit vom Inhalt der vielen Hinweise wurde durch die Untersuchungskommission auf diese Informationen reagiert.

Bezogen sich die Informationen auf Personen, gegen die bereits Ermittlungsverfahren eingeleitet waren, oder begründeten sie direkt einen Straftatverdacht, wurden sie nach ihrer Erfassung entsprechend der Zuständigkeit an die Generalstaatsanwaltschaft bzw. den Militärstaatsanwalt oder die Kriminalpolizei weitergeleitet. Reaktionen auf Vorwürfe zu Korruption und Machtmißbrauch oder Anträge auf Rehabilitierung können im Interesse der Wahrung der Rechtsstaatlichkeit erst nach gründlicher Prüfung erfolgen.

In der o. g. Breite konnte das durch die Untersuchungskommission bis zum heutigen Tag nicht bewältigt werden. In der bisher zur Verfügung stehenden Zeit konzentrierten wir uns deshalb auf einige Hauptkomplexe.

Zunächst zu jenen ehemaligen führenden Funktionären der Partei, die beschuldigt werden, im Zusammenhang mit ihrer Funktion Straftaten begangen zu haben. Zwischenzeitlich liegen Haftbefehle gegen Erich Mielke, Günter Mittag, Harry Tisch, Willi Stoph, Günther Kleiber, Werner Krolikowski, Hans Albrecht, Gerhard Müller, Dieter Müller und Heinz Ziegner sowie gegen die ehemaligen Abteilungsleiter im früheren Zentralkomitee der SED Karl Seidel und Heinz Wildenhain vor.

Ihnen gegenüber wird der Vorwurf von Straftaten im Zusammenhang mit dem Bau und der Unterhaltung von Eigenheim- und Wochenendobjekten für sich bzw. ihre Kinder gemäß §§ 161a, 165 StGB erhoben. Aus gleichem Grunde sind gegen Hermann Axen, Erich Honecker und Herbert Ziegenhahn Ermittlungsverfahren anhängig. Die letztgenannten ehemaligen Funktionäre befinden sich nicht in Haft. So schwerwiegend die ihnen gegenüber erhobenen Vorwürfe auch sein mögen, eines muß für uns alle klar sein: Über strafrechtliche Verantwortlichkeit haben ausschließlich die Justizorgane zu befinden und niemand anders. Wir vermitteln an die Staatsanwaltschaft Erkenntnisse, aber weder empfehlen wir Haftbefehle, noch entscheiden wir darüber oder sprechen wir sie aus.

Die Frage ist, worin eigentlich die Privilegien der Mitglieder des ehemaligen Politbüros bestanden haben.

Uns lag die vertrauliche Verschlußsache vom 31. 5. 1960 vor, aus der sich ergibt, daß durch Beschluß des Politbüros der Umzug aller Mitglieder des Politbüros in die Waldsiedlung festgelegt wurde.

Auf Grund der vielen Hinweise in bezug auf den Komplex Waldsiedlung Wandlitz haben sich Mitglieder der Untersuchungskommission mit diesen Örtlichkeiten vertraut gemacht und mit Genossen gesprochen, die dort arbeiteten und somit für die Betreuung und Versorgung der ehemaligen Politbüromitglieder verantwortlich waren. Wir vertreten einerseits die Auffassung, daß die Wahrheit über dieses Kapitel der Geschichte gesagt werden muß, andererseits müssen wir uns dann endlich den wichtigen Aufgaben der Zukunft zuwenden. Das Wort »Geschichte« ist insofern berechtigt, als die Waldsiedlung zu einem Rehabilitationszentrum für Erwachsene und Kinder umgewandelt wird und bereits ab Februar 1990 die ersten Patienten erwartet.

Die Waldsiedlung war eine Einrichtung des Ministerrates. Alle Angestellten der Waldsiedlung (wie z. B. Bäcker, Fleischer, Kraftfahrer, Verkäuferinnen, Kellner und Wachpersonal) waren Angehörige des ehemaligen MfS und unterlagen damit der militärischen Befehlsgewalt und auch der absoluten Schweigepflicht.

Gegen den erklärten Willen der Mitarbeiter wurde durch Befehl des Leiters, General Günter Wolf, die heftig kritisierte Journalistenvorführung regelrecht inszeniert. Die Angaben, die die Genossen Schmidt und Witte (die Verkäuferin im Sonderladen) den Journalisten gegenüber machten, wurden ihnen fast wörtlich vorgeschrieben.

Die Arbeitsaufgaben aller Beschäftigten in der Waldsiedlung wurden letztmalig in der Anweisung 5/87 vom 19. 11. 1987 durch General Günter Wolf unter der Überschrift »Zur optimalen und niveauvollen Betreuung und Versorgung der führenden Repräsentanten, ihrer Familienangehörigen und Gäste« unter anderem wie folgt formuliert: (siehe unter Dokumente oben)

Diese Anweisung wurde ständig zitiert, und alle Mitarbeiter wurden zu ihrer strikten Befolgung angehalten. Es war ihre Aufgabe, den Repräsentanten jeden Wunsch von den Augen abzulesen. Fragen nach Sinn, Zweck oder Berechtigung von Maßnahmen und Zuständen oder gar Widerspruch waren nicht gestattet. Verantwortung trug also die Führung, nicht die Mitarbeiter.

In persönlichen Gesprächen mit jetzigen und ehemaligen Mitarbeitern der Waldsiedlung wurde durch sie unmißverständlich zum Ausdruck gebracht, daß der aufwendige Lebensstil der ehemaligen Politbüromitglieder und insbesondere ihrer Familienangehörigen schon seit langer Zeit bei ihnen Anstoß erweckt hatte und daß zwischen den im Außenring und den im Innenring wohnenden Menschen eine tiefe Kluft bestand. Eine grüne Betonmauer und eine Funktion in unserer Partei trennten Genossen in solche, die einen parasitären Lebensstil pflegten, und in solche, die wie jeder normale Bürger unseres Landes lebten und arbeiteten, nur unter hohen psychischen Belastungen. Aus diesem Grunde existierte auch eine relativ hohe Fluktuation bei den dort tätigen Arbeitskräften, obwohl gerade für sie als Angehörige des ehemaligen MfS ein Arbeitsplatzwechsel bzw. eine Beendigung des Dienstverhältnisses besonders schwierig war.

Die Waldsiedlung Wandlitz besteht aus einem Innen- und einem Außenring. Im Innenring befinden sich 23 Häuser, von denen drei leerstanden und 20 von den Mitgliedern des ehemaligen Politbüros bewohnt wurden, sowie die Gebäude, in denen Schwimmhalle, Kinosaal, medizinische Einrichtungen, Funktionärsklub sowie die Verkaufsstelle untergebracht sind. Auf diesem Territorium lebten ausschließlich die Politbüromitglieder mit ihren Familien.

Im Außenring befinden sich alle technischen Versorgungseinrichtungen, Werkstätten für viele Gewerke, Wohnungen sowie eine Kindereinrichtung.

Wir besichtigten einige dieser Einrichtungen und können versichern, daß die Arbeits- und Lebensbedingungen für die 600 Mitarbeiter vollkommen normal waren. In der Küche wurden ausschließlich DDR-Produkte verwandt. Die einzige Ausnahme bestand darin, daß leicht verderbliche Waren auf Grund deutlicher Qualitätsmängel von der Küche des Innenringes der Küche des Außenringes zur Verfügung gestellt wurden.

Der den Politbüromitgliedern und ihren Familienangehörigen dienende Fuhrpark wurde vom damaligen Ministerrat unterhalten. Somit ist es eindeutig, daß unsere Partei nicht einen einzigen Volvo besaß und besitzt und daher der Ministerrat über die weitere Verwendung zu entscheiden hat.

Der Fuhrpark läßt sich in drei Stufen einteilen: Zum ersten hatte jedes Politbüromitglied mindestens einen personengebundenen Volvo mit Fahrer. Für die Familienangehörigen standen außerdem rund um die Uhr in der Waldsiedlung Volvo-Fahrzeuge zur Verfügung. So konnten die Ehefrauen und Kinder für sich oder für Gäste, für Hausangestellte und für Transportleistungen zu jeder Zeit und ohne jegliche Begründung Fahrzeuge anfordern.

Es war für sie selbstverständlich, zum Friseur, zur Arbeitsstelle in Berlin, zu Einkäufen, zu Diskos und ähnlichem gefahren zu werden bzw. durch die Fahrer mit dem Pkw Dienstleistungen vornehmen zu lassen.

Eine Analyse der Fahrten im Zeitraum vom 9. Oktober bis Ende November 1989 ergab über 1 500 Anforderungen.

Zum dritten existierte im Außenring eine Tankstelle, die für die Privatfahrzeuge der ehemaligen Politbüromitglieder und ihre Familienangehörigen zur Verfügung stand. Dort konnte dieser Personenkreis nach Bedarf kostenlos Super-Benzin tanken.

Dem Tankwart lag eine konkrete Liste der Privatfahrzeuge vor, die er betanken mußte. Aus dieser Aufstellung ergibt sich, daß z. B. das Ehepaar Honecker Eigentümer von 14 Privatfahrzeugen war und die Typen vom Wartburg über Toyota und Ranchrover bis hin zum kostenaufwendig umgebauten Mercedes reichten.

Dem genannten Personenkreis stand weiterhin die Möglichkeit der kostenlosen Nutzung von Tankkreditscheinen und eine weitere Tankstelle in Berlin zur Verfügung.

Die Verkaufsstelle der Waldsiedlung wurde im Jahre 1960 eröffnet und von der HO Berlin versorgt. Später wurde dann die spezielle Einrichtung »Letex« geschaffen, ohne daß jedoch eine grundsätzliche Veränderung im Angebot erfolgte. Der entscheidende Wandel trat Ende der 70er Jahre ein. Von diesem Zeitpunkt an wurden zum großen Teil Produkte aus dem NSW angeboten.

Die Preisbildung für Importe erfolgte nach folgender Regel: Einkaufspreis im Verhältnis von 1:1 plus 50 % als Handelsspanne. Im Angebot waren auch teilweise DDR-Produkte zu finden, die zum EVP verkauft wurden. Das Gerücht, daß die Waren in diesem Laden kostenlos abgegeben worden seien, erwies sich als falsch.

Die Verkaufsstelle bot im wesentlichen Lebensmittel, Kosmetik, Textilwaren, Schmuck an. Weiterhin konnten über einschlägige westliche Kataloge Industriewaren, Elektronik und andere Artikel bestellt werden. In dieser Verkaufsstelle konnten die Politbüromitglieder, ihre Familienangehörigen, unabhängig davon, ob sie noch im Haushalt wohnten oder nicht, sowie ausgewählte wenige Mitarbeiter einkaufen.

Diese Einkaufsmöglichkeit wurde ebenfalls sehr unterschiedlich genutzt. Während z. B. die Familien der Genossen Dohlus, Mückenberger oder Lange offensichtlich nur ihren normalen Bedarf deckten, gab es Familien, wie Mittag und Sindermann, die durch äußerst umfangreiche Käufe auffielen. Nach Mitteilungen der im F-Laden beschäftigten Verkäuferinnen kauften zum Beispiel Familienangehörige von G. Mittag im Jahr durchschnittlich 10 Farbfernsehgeräte, und durch Rechnungen konnte belegt werden, daß die Familie Sindermann im Zeitraum von September bis Anfang November 1989 vier Farbfernsehgeräte westlicher Produktion erwarb.

Beschämend und erschütternd sind die Vorgänge, die sich in dieser Verkaufsstelle kurz vor dem Besuch der Journalisten abspielten. Nachdem bekanntgegeben worden war, daß das NSW-Sortiment zum letzten Mal verkauft wird, setzten durch einige Familien Hamsterkäufe ein, während andere den Kauf völlig einstellten.

Wir haben auch den sogenannten Funktionärsklub besichtigt. Dieser Komplex mit Gaststätte, Schwimmhalle, Konferenzräumen ist repräsentativ und gediegen ausgestattet. Die Gaststätte hat das Niveau eines Interhotels. Bis Oktober bestand dort zu sehr niedrigen Preisen ein vorzügliches Angebot.

Ein weiteres trauriges Kapitel sind die in der Presse und in den weiteren Massenmedien häufig angesprochenen »Freizeitobjekte«. Entsprechend den Weisungen wurden sie nach individuellen Wünschen projektiert und gebaut.

Die Bestätigung der Projekte erfolgte durch E. Mielke, und die Kosten trug letztlich der Staatshaushalt. Die Freizeitobjekte von Honecker in Döllensee, von Stoph in Birkenheide, von Axen in Born, von Mielke in Wolletz und noch anderen wurden als Außenstellen von der Waldsiedlung Wandlitz mitverwaltet und bewirtschaftet.

Es würde den Bericht der Untersuchungskommission sprengen, wenn wir jedes einzelne Freizeitobjekt erläutern und alle personengebundenen Staatsjagden nennen würden. Wir können jedoch versichern, daß sämtliche Objekte, die der Waldsiedlung Wandlitz unterstanden, von ihren ehemaligen Bewohnern nicht mehr genutzt werden, da sie versiegelt worden sind.

Und wir müssen nochmals darauf hinweisen, daß Wandlitz und alle genannten Objekte dem Ministerrat unterstehen und auch von diesem finanziert werden. Dem lag zugrunde, daß fast alle Mitglieder bzw. Kandidaten des Politbüros staatliche Funktionen ausübten. Die Beiträge unserer Mitglieder wurden also für diese

Zwecke nicht verwendet. Die Tatsache, daß die genannten Objekte dem Ministerrat gehörten, führt jetzt dazu, daß sie nunschnell als Volkseigentum im Interesse des ganzen Volkes genutzt werden können.

Personenregister

ausschusses der SPD in der sowjetischen Besatzungszone, seit Gründung der SED neben Wilhelm Pieck Vorsitzender der Partei 55 81

Gysi, Gregor (geb. 1948): Abitur, Berufsausbildung als Rinderzüchter, 1966–1970 Studium der Rechtswissenschaften an der Humboldt-Universität, 1967 SED, 1971 Rechtsanwalt, 1988/1989 Vorsitzender des Kollegiums der Rechtsanwälte Berlin und Vorsitzender des Rates der Kollegien der Rechtsanwälte der DDR, auf dem Wahlparteitag der PDS am 24./25. Februar 1990 zum Vorsitzenden des Parteivorstandes gewählt 39 56 105 112 113 116 121 127 130 134 137 140 142 143 152 153

Häber, Herbert (geb. 1930): 1946 SED, 1950 Mitarbeiter des ZK der SED, 1973 Leiter der Westabteilung, 1976 Kandidat und 1978 Mitglied des ZK, 1984 Mitglied des Politbüros des ZK der SED, 1985 Erkrankung und Abberufung aus dem Politbüro 17 63 66 79 115

Hager, Kurt (geb. 1912): Sozialistischer Schülerbund, 1929 Kommunistischer Jugendverband, 1930 KPD, Emigration, 1937–1939 als Journalist in Spanien, später in Frankreich und England, 1945 Rückkehr nach Deutschland und gleich Arbeit im Parteiapparat, 1949–1952 Leiter der Abteilung Propaganda, dann der Abteilung Wissenschaft und Hochschulen, ab 1949 Lehrstuhl für Philosophie, 1950 Kandidat und 1954 Mitglied des ZK der SED, 1958 Kandidat des Politbüros, seit 1963 Mitglied und verantwortlich für Kultur und Wissenschaft, seit 1958 Abgeordneter der Volkskammer, seit 1976 im Staatsrat, seit 1966 Präsidiumsmitglied des Forschungsrates der DDR, am 20. Januar 1990 Ausschluß aus der Partei 12 19 24 32 74 80 81 102 106 119 125

Hartmann, Günter: Vorsitzender der NDPD 104

Havel, Vaclav (geb. 1936): amtierender Präsident der ČSFR 118

Havemann, Robert (1910–1982): studierte Chemie, 1932 KPD, 1933 vom Kaiser-Wilhelm-Institut für physikalische Chemie und Elektrochemie verwiesen, wissenschaftliche Arbeit, 1935 Promotion, Leiter der antifaschistischen Widerstandsgruppe »Europäische Union«, 1943 in einem Hochverratsprozeß zum Tode verurteilt (da er im Zuchthaus Brandenburg kriegswichtige Forschungen durchführen mußte, wurde die Urteilsvollstreckung zweimal aufgeschoben), nach der Befreiung Leiter der Verwaltung des Kaiser-Wilhelm-Instituts in Dahlem, 1947 Lehrstuhl für physikalische Chemie an der Berliner Humboldt-Universität, Volkskammerabgeordneter und Präsidiumsmitglied des Friedensrates, wandte sich gegen »konfektioniertes und behördlich genehmigtes« Denken, 1964 Ausschluß aus der SED, 1966 Ausschluß aus der Akademie der Wissenschaften, lebte fortan von seiner Rente als Verfolgter des Naziregimes und von Buchveröffentlichungen in der BRD, 1976 Festnahme und mit einer Aufenthaltsbeschränkung und Kontaktverbot belegt, starb 72jährig an seinem zugewiesenen Wohnort Grünheide 110

Hasselfeldt, Gerda: Bauministerin der BRD 120

Heilmann, Friedrich 71

Herger, Wolfgang (geb. 1935): studierte 1953–1958 Philosophie in Jena, 1963 Promotion, seit 1963 hauptamtlicher Jugendfunktionär zunächst in Jena, dann in Berlin im FDJ-Zentralrat, 1971–1976 2. Sekretär, 1976 Leiter der Abteilung Jugend im ZK der SED und Mitglied des ZK, seit 1971 Volkskammerabgeordneter, 1985 Leiter der Abteilung Sicherheit im ZK, November/Dezember 1989 Mitglied des Politbüros 105 123

Herrmann, Joachim (geb. 1928): nach 1945 Transportarbeiter und Bote bei der »Berliner Zeitung«, dann Hilfsredakteur, 1946 SED, Mitarbeit in der Jugendzeitung »Start«, 1949–1952 stellvertretender Chefredakteur der »Jungen Welt«, 1953/1954 Komsomolhochschule Moskau, Chefredakteur der »Jungen Welt«, 1960 Arbeit im ZK der SED, 1962–1965 Chefredakteur der »Berliner Zeitung«, bis 1971 Staatssekretär erst für gesamtdeutsche, dann für westdeutsche Fragen, dann Chefredakteur des »Neuen Deutschland«, 1967 Kandidat und 1971 Mitglied des ZK der SED, 1973 Kandidat des Politbüros, 1976 gemeinsam mit Kurt Hager Sekretär für Kultur und Wissenschaft, seit 1978 Sekretär für Agitation und Propaganda, 1978 Mitglied des Politbüros des ZK der SED, 18. Oktober 1989 Absetzung, 20. Januar 1990 Ausschluß aus der Partei 19 32–34 52 74 76–79 100 106 125 128

Herrnstadt, Rudolf (1903–1966): Beginn eines Studiums der Rechtswissenschaften, Arbeit als Journalist, 1924 KPD, seit 1928 Auslandskorrespondent in Prag, Warschau, Moskau für die Zeitung »Berliner Tageblatt«, nach 1933 in Moskau in der Westeuropa-Abteilung des Nachrichtendienstes der Roten Armee, 1945 mit Sowjettruppen Rückkehr nach Deutschland, Chefredakteur der »Berliner Zeitung«, 1949 Chefredakteur der Zeitung »Neues Deutschland«, 1950–1953 Mitglied des ZK und Kandidat des Politbüros des ZK der SED, 1953 seiner Parteiämter enthoben, 1954 Ausschluß aus der SED wegen Bildung einer »parteifeindlichen Fraktion mit einer defätistischen, gegen die Einheit der Partei gerichteten Linie«, 1953 Arbeit im Deutschen Zentralarchiv der DDR, Zweigstelle Merseburg 110

Heym, Stefan (geb. 1913): Schriftsteller 109

Höpcke, Klaus (geb. 1933): 1953 SED, studierte an der Karl-Marx-Universität in Leipzig Journalistik, nach dem Diplom Assistent und Oberassistent, 1962 –1964 dann 1. Sekretär der Bezirksleitung Leipzig der FDJ, bis 1973 gehörte er dem Redaktionskollegium der Zeitung »Neues Deutschland« an, seit 1973 Stellvertreter des Ministers für Kultur, seit Februar 1990 Mitglied des Präsidiums des Parteivorstandes der PDS 106

Hoffmann, Heinz (1910–1985): gelernter Maschinenschlosser, Kommunistischer Jugendverband, 1930 KPD, 1933 zunächst illegale Arbeit, dann 1935 Emigration in die Sowjetunion, Besuch der Frunse-Militär-Akademie, 1937 unter dem Kommando des späteren Ministers für Staatssicherheit der DDR (Wilhelm Zaisser) im »Hans-Beimler-Bataillon« in Spanien, Verwundung, ab 1941 wieder militärpolitische Ausbildung in der Sowjetunion, 1946 persönlicher Referent im Büro Walter Ulbrichts, 1950 Chef der Hauptverwaltung Ausbildung der Volkspolizei, Kandidat und 1952 Mitglied des ZK der SED, Volkskammerabgeordneter, 1960 Nachfolger von Willi Stoph als Verteidigungsminister, seit 1961 Armeegeneral 84

Holmer, Uwe 129

Homann, Heinrich (geb. 1911): studierte Jura, 1964 Promotion, seit 1971 Honorarprofessor an der Akademie für Staats- und Rechtswissenschaften in Potsdam, 1933 NSDAP, Berufssoldat, 1943 bei Stalingrad Gefangenschaft, Antifa-Schule, Mitbegründer des »Nationalkomitees Freies Deutschland«, 1948 Mitbegründer der NDPD, 1949 politischer Geschäftsführer, 1972 Parteivorsitzender, 2. November 1989 Rücktritt 104 114

Honecker, Erich (geb. 1912): Dachdeckerlehre, 1926 Kommunistischer Jugendverband, 1929 KPD, 1931 hauptamtlicher KJVD-Funktionär, 1933 illegale Arbeit, 1935 Verhaftung, wegen »Vorbereitung zum Hochverrat« zu zehn Jahren Zuchthaus in Brandenburg verurteilt, 1945 Jugendsekretär im ZK der KPD, 1946–1955 FDJ-Vorsitzender, seit 1946 im SED-Parteivorstand, 1949 Mitglied der Volkskammer,

Kirchner, Martin (geb. 1949): juristischer Oberkirchenrat der Evangelisch-Lutherischen Kirche Thüringens seit 1986 143

Kleiber, Günther (geb. 1931): Elektriker, 1950 SED, 1950–1952 Arbeiter- und Bauernfakultät Dresden, 1953 Studium der Schwachstromtechnik, 1958–1962 wissenschaftlicher Assistent an der TU Dresden, 1964–1966 in der SED-Bezirksleitung Dresden, Staatssekretär für Koordinierung der Leitung des Einsatzes und der Nutzung der elektronischen Datenverarbeitung, 1967 Mitglied des ZK der SED und Kandidat des Politbüros, 1984 Mitglied, 1988 1. stellvertretender Ministerpräsident, 3. Dezember 1989 Ausschluß aus der Partei 13 23 24 42 74 106 126 154

Kohl, Helmut (geb. 1930): Bundeskanzler der BRD 36 102 108 110 115 116 131 133 134 136 137 139–142

Kolditz, Lothar (geb. 1926): ehemaliger Präsident des Nationalrates der Nationalen Front der DDR 112

Kossygin, Alexej (1904–1980): 1964–1980 Vorsitzender des Ministerrates der UdSSR 38

Krack, Erhard (geb. 1931): 1974–1989 Oberbürgermeister von Berlin 133

Krenz, Egon (geb. 1937): 1945 Pionierorganisation, 1953 FDJ, 1955 SED, 1953–1957 Institut für Lehrerbildung Putbus, 1964–1967 Parteihochschule Moskau, FDJ-Funktionen in Bergen und Rostock, dann FDJ-Zentralrat, 1971–1974 Vorsitzender der Pionierorganisation, 1974–1983 1. Sekretär des FDJ-Zentralrates, 1971 Kandidat des ZK der SED, 1973 Mitglied, 1983 Mitglied des Politbüros und Sekretär für Sicherheits- und Kaderfragen, 1984 stellvertretender Staatsratsvorsitzender, 18. Oktober 1989 Generalsekretär der SED, 24. Oktober 1989 Vorsitzender des Staatsrates und des Nationalen Verteidigungsrates, 3. Dezember 1989 Rücktritt, 21. Januar 1990 Ausschluß aus der Partei 10 11 17 18 33 36 60 69 73 74 82 86 88 90 96 100–105 108 109 111 121 123 125 142 149

Kroker, Herbert (geb. 1929): 1954 SED, Bauschlosser, Diplomwirtschaftler, 1979 Promotion, 1953–1968 hauptamtliche Funktionen im FDGB und in der SED, seit 1969 in wirtschaftsleitenden Funktionen im Bezirk Erfurt, dann 1. Sekretär der Bezirksleitung Erfurt 110

Krolikowski, Werner (geb. 1928): Verwaltungslehre, nach 1945 Arbeiter, 1946 SED, 1946–1950 Verwaltungsangestellter, Parteifunktionen in der SED-Landesleitung Mecklenburg und in den Kreisleitungen Ribnitz-Damgarten, Greifswald und in der Bezirksleitung Rostock, 1960–1973 1. Sekretär der SED-Bezirksleitung Dresden, 1963 Mitglied des ZK der SED und Volkskammerabgeordneter, 1971 Mitglied des Politbüros des ZK der SED, 1973–1976 Sekretär für Wirtschaft, 1988 Sekretär für Landwirtschaft und Mitglied des Staatsrates, 3. Dezember 1989 Ausschluß aus der Partei 13 33 106 112 126 154

Lafontaine, Oskar (geb. 1943): religiöse Bildung, Physikstudium, 1966 SPD, Ministerpräsident des Saarlandes, Kandidat für das Amt des Bundeskanzlers 127

Lamberz, Werner (1929–1978): 1945 Installateurslehre, 1947 SED, FDJ- und Parteifunktionen im Land Brandenburg, 1952–1953 Komsomolhochschule Moskau, 1955–1959 FDJ-Zentralrat und Vertreter im WBDJ (Weltbund der Jugend), 1954–1958 im Präsidialrat des Kulturbundes, 1961 Vizepräsident der Deutsch-Afrikanischen Gesellschaft der DDR, 1966 Leiter der Abteilung Agitation im ZK der SED, 1967 Mitglied und Sekretär des ZK der SED, 1970 Kandidat und 1971 Mitglied des Politbüros, 1978 Tod bei einem Hubschrauberabsturz in Libyen 38 66

Aus unserem Verlagsprogramm:

Monika Prenzel

Im Rechtsschritt, marsch!

80 Seiten, 6 Abbildungen,
Broschur 3,80 M
ISBN 3-320-01545-1
738 804 9/ Prenzel/ Rechtsschritt

Sie nennen sich REP, DVU, NPD, FAP... Skinheads.
Sie sind auf dem Vormarsch – über Grenzen hinweg.
Sie rufen »Ausländer raus!«
und »Deutschland über alles!«.
Sie »klatschen Nigger und rote Punks auf«.
Wer sind sie? Woher kommen sie? Was wollen sie?
Viele Fragen –
und der Versuch einer Antwort.